预科汉语强化教程系列

Intensive Chinese for Pre-University Students

听力课本
Listening

总主编 王尧美 李 安
主 编 蔡 燕
副主编 矫雅楠
编著者 孙雪霄 矫雅楠 蔡 燕 尹彤迪

北京语言大学出版社
BEIJING LANGUAGE AND CULTURE
UNIVERSITY PRESS

© 2020 北京语言大学出版社，社图号 19187

图书在版编目（CIP）数据

预科汉语强化教程系列听力课本. 4 / 蔡燕主编；孙雪霄等编著. -- 北京：北京语言大学出版社，2020.1
预科汉语强化教程系列 / 王尧美，李安总主编
ISBN 978-7-5619-5599-4

Ⅰ.①预… Ⅱ.①蔡… ②孙… Ⅲ.①汉语－听说教学－对外汉语教学－教材 Ⅳ.① H195.4

中国版本图书馆 CIP 数据核字 (2019) 第 286736 号

预科汉语强化教程系列　听力课本 4
YUKE HANYU QIANGHUA JIAOCHENG XILIE　TINGLI KEBEN 4

项目负责：张维嘉		责任编辑：黄　英　尹晗羽	
英文编辑：望　震		英文翻译：孙齐圣	
装帧设计：张　娜		排版制作：北京创艺涵文化发展有限公司	
责任印制：周　焱			

出版发行：北京语言大学出版社
社　　址：北京市海淀区学院路 15 号，100083
网　　址：www.blcup.com
电子信箱：service@blcup.com
电　　话：编辑部　　8610-82303647/3592/3724
　　　　　国内发行　8610-82303650/3591/3648
　　　　　海外发行　8610-82303365/3080/3668
　　　　　北语书店　8610-82303653
　　　　　网购咨询　8610-82303908
印　　刷：天津嘉恒印务有限公司

版　次：2020 年 1 月第 1 版		印　次：2020 年 1 月第 1 次印刷	
开　本：889 毫米 × 1194 毫米　1/16		印　张：15.5	
字　数：240 千字		定　价：65.00 元	

PRINTED IN CHINA

编写说明

《预科汉语强化教程系列 听力课本》是一套紧扣《HSK 考试大纲》（以下简称《HSK 大纲》）和《中国政府奖学金本科来华留学生预科教育结业考试》大纲（以下简称《预科考试》大纲），实现"即学即用"和"学考结合"教学思想的初、中级汉语听力教材。本教材既可作为来华学习理工类、文史类本科专业预科生的汉语听力课本，也可作为来华长期语言进修生初、中级阶段的汉语听力课本，亦适用于希望通过 HSK 考试一至五级的汉语学习者。

一、编写理念

本套教材以《HSK 大纲》和《预科考试》大纲的话题大纲为主线，兼顾任务大纲来设计课文主题，课文内容取材于真实的汉语交际情境，实现 HSK 一至五级词汇大纲和《预科考试》大纲 300 句全覆盖，努力实现"即学即用"和"学考结合"的教学目标。

二、适用对象

本套教材第 1 册适用于汉语零起点学习者。第 2 册适合学过第 1 册或掌握 250～300 个汉语词语的学生使用。第 1、2 册基本覆盖 HSK 三级词汇。第 3 册适合学过第 2 册或掌握 550～600 个汉语词语的学生使用。第 4 册适合学过第 3 册或掌握 850～900 个汉语词语的学生使用。第 3、4 册基本覆盖 HSK 四级词汇。第 5、6 册基本覆盖 HSK 五级词汇。

三、教材特点

1.《HSK 大纲》话题全覆盖，真实汉语语料输入，实现"即学即用"

课文内容贴近日常生活，一课一个话题，同时兼顾真实性和趣味性，让学习者在《HSK 大纲》规定的语言项目范围内，以原汁原味的汉语文本为材料，学习地道的汉语。每课的练习部分题型丰富，进一步巩固语言输入效果；同时参考 HSKK 考试题型，兼顾语言输出的操练；还专门设计了口语练习题型，促进学生进行有效的语言输出。

2.《HSK 大纲》词汇全覆盖，HSK 题型全覆盖，实现"学考结合"

本套教材不仅全面覆盖 HSK 一至五级的词汇大纲，也全面覆盖 HSK 一至五级的考试题型，可以实现课堂教学和 HSK 考试的无缝衔接。教师还可以直接利用教材中的习题指导学生备考，从而大大提高教学效率。

四、编写体例

本套听力教材共有6册。严格依据《HSK大纲》的规定，第1、2册全面覆盖HSK一至三级话题大纲、600个词，涉及部分四级词。第3、4册全面覆盖HSK四级话题大纲、1200个词，涉及部分四级以上的词。第5、6册全面覆盖HSK五级话题大纲、2500个词，涉及部分五级以上的词。

每册教材均为16课，其中第1册前4课为语音预备课。除语音预备课的4课以外，每课构成如下：

1. 头脑风暴

头脑风暴为2～3个与课文主题相关的有趣话题，可用于激活学生的背景知识和导入新课，学生可以在回答的过程中完成本课相关生词的预热。考虑到学习者使用汉语的实际能力，头脑风暴部分从第2册开始出现。

2. 课文与练习

每课包含两篇课文。第1、2册中的课文为同一主题下的两段对话，其主题紧密配合本系列综合课本第1、2册的主题，充分起到复现生词、拓展话题的作用。第3、4册中的课文也是同一主题下的两段对话，第5、6册中的课文包括同一主题下的两段对话和一篇短文，但在课文长度、词汇丰富性、语言点覆盖率等方面均有所提升。

练习部分题型丰富多样，包括听后判断对错、听后选择正确答案、填空、回答问题等。此外，教材还特别设计了根据给出的关键词复述课文的练习，与HSKK所考查的口头复述题型相吻合。这既体现了"听说结合"的编写理念，也体现了"学考结合"的设计思想。

3. 我来说吧

"我来说吧"是在听力课文之后的口语练习部分，形式为1～2个与本课话题相关的问答题或者小型活动。它是对听力练习的延伸和拓展，也是"即学即用"编写理念的体现。在听力输入的基础上，学生可以通过多种方式的口语练习进行有效输出，这是检验其学习效果的有效方式。

4. 挑战一下吧

"挑战一下吧"为紧扣HSK三至五级听力题型而设计的习题。在内容上，这些习题与该课的主题紧密相关，进一步延展主题的范围；在题型上，随着教材从第1册到第6册知识难度的不断推进，题型设计也从HSK三级向HSK五级的题型逐渐过渡，涵盖选择正确的图片、听句子判断对错、听对话及短文选择正确答案等。

另外，每课的生词分为两部分，分别置于课文一和课文二的练习之前，生词分别保持在

15 个左右，全部来自《HSK 大纲》，亦有部分特例词和减字默认词。每个词均给出拼音、词性和英文释义。书后附有听力文本及参考答案。

五、课时安排

第 1 至 4 册每课的教学时长建议为 2 课时。如果听力课程为 4 课时／周，那么一个学期（以 16 周计）可以完成第 1、2 册听力课本的教学；如果听力课程为 6 课时／周，那么一个学期（以 16 周计）可以完成第 1、2、3 册听力课本的教学。第 5、6 册每课的教学时长建议为 6 课时，一个学期可以完成 1 册的教学。

教师可以根据具体的教学情况，如课时量或对听力和口语练习的不同侧重，对课文、"我来说吧"和"挑战一下吧"这 3 个部分进行选用；也可以对课文设计一部分精讲内容，例如可以重点讲解课文中的某个对话，而把其他部分作为课后作业等。

北京语言大学刘珣教授、崔永华教授等专家为本套教材提出了诸多宝贵的修改意见，在此致以衷心的感谢！李昊天、杜文倩、李安、连佳、蔡燕等一线教师对本教材的初稿进行了课堂试用，并根据师生反馈的意见对教材进行了进一步的修改，在此一并感谢！

恳请广大师生在使用本教材的过程中提出宝贵意见！

编者

2019 年 1 月

语法术语缩略形式一览表

缩略形式 Abbreviations	英译 Grammar Terms in English	中文名称 Grammar Terms in Chinese	拼音 Grammar Terms in *Pinyin*
Adj	Adjective	形容词	xíngróngcí
Adv	Adverb	副词	fùcí
AsPt	Aspect Particle	动态助词	dòngtài zhùcí
Conj	Conjunction	连词	liáncí
IE	Idiomatic Expression	习惯用语	xíguàn yòngyǔ
Int	Interjection	叹词	tàncí
M	Measure Word	量词	liàngcí
MdPt	Modal Particle	语气助词	yǔqì zhùcí
N	Noun	名词	míngcí
NP	Noun Phrase	名词词组	míngcí cízǔ
Nu	Numeral	数词	shùcí
O	Object	宾语	bīnyǔ
Ono	Onomatopoeia	象声词	xiàngshēngcí
OpV	Optative Verb	能愿动词	néngyuàn dòngcí
P	Predicate	谓语	wèiyǔ
PN	Proper Noun	专有名词	zhuānyǒu míngcí
Pref	Prefix	词头	cítóu
Prep	Preposition	介词	jiècí
Pron	Pronoun	代词	dàicí
Pt	Particle	助词	zhùcí
PW	Place Word	地点词	dìdiǎncí
Q	Quantifier	数量词	shùliàngcí
QPr	Question Pronoun	疑问代词	yíwèn dàicí
QPt	Question Particle	疑问助词	yíwèn zhùcí
S	Subject	主语	zhǔyǔ
StPt	Structural Particle	结构助词	jiégòu zhùcí
Suf	Suffix	词尾	cíwěi
TW	Time Word	时间词	shíjiāncí
V	Verb	动词	dòngcí
VC	Verb plus Complement	动补式动词	dòngbǔshì dòngcí
VO	Verb plus Object	动宾式动词	dòngbīnshì dòngcí
V O	Verb-Object Phrase	动宾词组	dòngbīn cízǔ
VP	Verb Phrase	动词词组	dòngcí cízǔ

目录

第一课 交通出行			1
课文一 航班不能按时起飞		课文二 看来你只好改签了	
第二课 人与环境			8
课文一 明天冷空气要来了		课文二 空气污染是个全球性问题	
第三课 生活常识			15
课文一 今年的第一场雪		课文二 我的车门打不开了	
第四课 饮食文化			22
课文一 中午去吃火锅怎么样?		课文二 生日聚会	
第五课 选购服饰			29
课文一 应该穿得正式一点儿		课文二 有没有适合冬天穿的旗袍?	
第六课 身体健康			36
课文一 别拿感冒不当病		课文二 有什么预防感冒的方法吗?	
第七课 校园课程			43
课文一 学校安排了暑期课程		课文二 我是来听课的	
第八课 学习方法			50
课文一 汉语还分真假?		课文二 学习要注意方法	
第九课 中国社区			57
课文一 走进中国社区		课文二 社区服务调查	

第十课　婚恋问题		64
课文一　想让你嫁得近一点儿	课文二　请别叫我"剩女"	

第十一课　娱乐生活		71
课文一　《中国好声音》	课文二　碎片时间	

第十二课　租房买房		78
课文一　要不要搬到校外去住？	课文二　乔迁之喜	

第十三课　智能生活		86
课文一　人脸识别	课文二　扫地机器人	

第十四课　共享时代		93
课文一　共享单车	课文二　共享衣柜	

第十五课　两代之间		100
课文一　不想让孩子输在起跑线上	课文二　父母的唠叨	

第十六课　就业问题		107
课文一　干什么都不容易	课文二　马小军面试	

录音文本及参考答案　　　　　　　　　　　　　　　　115

生词表　　　　　　　　　　　　　　　　　　　　　　229

第一课　交通出行
Lesson 1　Transportation

头脑风暴　Brainstorming

1. 旅行的时候，你喜欢坐飞机还是坐火车？为什么？
2. 你有过飞机晚点的经历吗？飞机晚点时该怎么办？

课文一　航班不能按时起飞　🔊 01-1
Text 1　The plane cannot take off on time

生词 Vocabulary 🔊 01-2

1	首都	shǒudū	N	capital (of a country)
2	登机牌	dēngjīpái		boarding pass
	登机	dēng jī	V O	to board a flight
3	抱歉	bàoqiàn	Adj	sorry
4	经济舱	jīngjìcāng		economy class
	经济	jīngjì	Adj	economical
	舱	cāng	N	cabin
5	来得及	láidejí	V	to be able to make it, to still have time to do sth.
6	托运	tuōyùn	V	to check in (luggage)
7	规定	guīdìng	V & N	to stipulate, to provide; rule, regulation
8	重量	zhòngliàng	N	weight
9	降落	jiàngluò	V	(of an aircraft) to land
10	乘客	chéngkè	N	passenger
11	由于	yóuyú	Prep & Conj	due to; because
12	候机厅	hòujītīng	N	departure hall

13	将	jiāng	Adv	will
14	广播	guǎngbō	V	to broadcast
15	倒霉	dǎo//méi	Adj	unlucky, unfortunate
特例词				
1	义乌	Yìwū	PN	Yiwu, a Chinese city

听后练习 Exercises

一、请听第一遍课文，选择正确答案。Listen to the text for the first time and choose the correct answers.

1. 米雪丈夫在做什么？ （   ）
   A. 买机票
   B. 找行李
   C. 换登机牌
   D. 办理护照

2. 经济舱可以免费托运多少公斤的行李？ （   ）
   A. 20 公斤
   B. 22 公斤
   C. 25 公斤
   D. 30 公斤

3. 米雪丈夫的航班怎么了？ （   ）
   A. 提前起飞了
   B. 推迟起飞了
   C. 还没降落
   D. 换登机口了

二、请听第二遍课文，判断对错。Listen to the text for the second time and decide whether the following statements are right (√) or wrong (×).

1. 米雪丈夫订的是头等舱。 （   ）

2. 30到40号窗口可以换经济舱的登机牌。　　（　）

3. 米雪丈夫托运行李需要交钱。　　（　）

4. 米雪丈夫要去义乌。　　（　）

5. 米雪丈夫的航班推迟到了八点四十五分。　　（　）

三、请听第三遍课文，回答问题。Listen to the text for the third time and answer the questions.

1. 米雪丈夫的行李怎么了？

2. 米雪丈夫的行李有多少公斤？

3. 米雪丈夫的航班为什么不能按时起飞？他应该怎么办？

课文二　看来你只好改签了　🔊 01-3

Text 2　It seems that you have to change your ticket

生词 Vocabulary　🔊 01-4

1	估计	gūjì	V	to estimate, to reckon
2	取消	qǔxiāo	V	to cancel
3	改签	gǎi qiān	V O	to change the ticket, to reschedule (a flight, etc.)
4	航空	hángkōng	V	aviation
5	全部	quánbù	N	all
6	可惜	kěxī	Adj	pitiful, regrettable
7	桥	qiáo	N	bridge

特例词

1	武汉	Wǔhàn	PN	Wuhan, a Chinese city
2	武汉长江大桥	Wǔhàn Chángjiāng Dàqiáo	PN	Wuhan Yangtze River Bridge
3	长城	Chángchéng	PN	the Great Wall

听后练习 Exercises

一、请听第一遍课文，选择正确答案。 Listen to the text for the first time and choose the correct answers.

1. 李白打算怎么去武汉？ （   ）
   A. 坐汽车
   B. 坐火车
   C. 坐飞机
   D. 还没决定

2. 这个周末李白为什么不能去武汉了？ （   ）
   A. 他要参加活动
   B. 他要参加考试
   C. 他朋友生病了
   D. 他没买到机票

3. 根据对话，下面正确的是哪项？ （   ）
   A. 李白的机票可以改签
   B. 李白买的机票是打折的
   C. 航空公司的退票费都一样
   D. 李白可以免费退票

二、请听第二遍课文，回答问题。 Listen to the text for the second time and answer the questions.

1. 在哪儿可以看到机票改签的信息？
2. 机票的退票费是多少钱？
3. 李白想去武汉看什么？
4. 张萌最后建议李白去做什么？

三、请听第三遍课文，根据你对课文的理解，将下面的语段补充完整，并朗读。

Listen to the text for the third time. Fill in the blanks according to what you hear and read the following paragraph aloud.

李白打开＿＿＿＿＿＿＿公司的网站，看到他的机票不能＿＿＿＿＿＿＿，所以只

第一课　交通出行
Lesson 1　Transportation

好退票。每个公司的＿＿＿＿都不同，所以退票费也不同。虽然他不能去武汉了，觉得很＿＿＿＿，但是他打算＿＿＿＿结束以后去爬长城。

我来说吧　Let's talk

一、选择三个你想去的城市，上网查一下去这些城市的机票信息，包括机票价格、能不能改签或退票、托运行李的规定重量等，完成下面的表格。

出发地	目的地	机票价格	关于改签	关于退票	托运规定	其他

二、还记得你第一次坐飞机来中国的经历吗？是一切顺利还是遇到了困难？请和同学们分享一下你第一次坐飞机来中国的经历。

三、心动不如行动。

1. 你在机场听到过机场广播吗？广播的内容都有什么？请你回忆一下并和同学们一起上网找找中国机场的广播，是不是都能听懂呢？听懂机场广播很重要，这样你就不会错过重要通知了。
2. 假期你有回国的打算吗？如果要回国，试试用汉语打电话订机票吧。学习了这一课，相信你一定可以成功买到机票！

挑战一下吧　Challenge yourself　　01-5

一、选择正确答案。Choose the correct answers.

1. A. 坐地铁　　　　　　　　　　　　（　　）
   B. 坐出租车
   C. 坐公共汽车
   D. 男的开车接她

2. A. 来得及　　　　　　　　　　（　）
   B. 飞机晚点
   C. 可能堵车
   D. 不认识路

3. A. 签证有问题　　　　　　　　（　）
   B. 旅行要取消
   C. 机票不能退
   D. 没有办护照

4. A. 退飞机票　　　　　　　　　（　）
   B. 办银行卡
   C. 买火车票
   D. 去地铁站

5. A. 飞机晚点了　　　　　　　　（　）
   B. 机场关门了
   C. 女的迟到了
   D. 行李要托运

6. A. 迟到了　　　　　　　　　　（　）
   B. 没带手机
   C. 走错路了
   D. 钱包丢了

7. A. 广场　　　　　　　　　　　（　）
   B. 机场
   C. 大使馆
   D. 火车站

8. A. 坐头等舱　　　　　　　　　　　（　）
   B. 退飞机票
   C. 改签航班
   D. 托运行李

9. A. 找导游　　　　　　　　　　　　（　）
   B. 检查身体
   C. 买火车票
   D. 办登机手续

10. A. 学习　　　　　　　　　　　　　（　）
    B. 旅游
    C. 开会
    D. 看病

第二课 人与环境
Lesson 2　Humans and the environment

头脑风暴　Brainstorming

1. 你的国家一年有几个季节？每个季节的天气分别有什么特点？
2. 请说说你的国家有哪些保护环境的办法。

课文一　明天冷空气要来了　🔊 02-1
Text 1　The cold air is coming tomorrow

生词 Vocabulary 🔊 02-2

1	阴	yīn	Adj	overcast, cloudy
2	气温	qìwēn	N	temperature
3	出生	chūshēng	V	to be born
4	从来	cónglái	Adv	always (*usually used in the negative*)
5	体验	tǐyàn	V	to experience
6	留学	liú//xué	VO	to study abroad
7	当时	dāngshí	N	then
8	厚	hòu	Adj	thick
9	深	shēn	Adj	deep
10	吃惊	chī//jīng	VO	to be surprised
11	日记	rìjì	N	diary
12	回忆	huíyì	V	to recall, to recollect

第二课 人与环境
Lesson 2　Humans and the environment

听后练习 Exercises

一、请听第一遍课文，选择正确答案。Listen to the text for the first time and choose the correct answers.

1. 明天的天气会怎么样？　　　　　　　　　　　　　（　　）
   A. 很暖和
   B. 很凉快
   C. 变热
   D. 变冷

2. 米雪在中国的第一年怎么样？　　　　　　　　　　（　　）
   A. 很适应寒冷
   B. 第一次见到雪
   C. 不适应秋天
   D. 体验了秋风

3. 关于米雪，下面错误的是哪项？　　　　　　　　　（　　）
   A. 她是非洲人
   B. 她很爱看雪
   C. 她现在在中国南方
   D. 她已经适应了冬天

二、请听第二遍课文，判断对错。Listen to the text for the second time and decide whether the following statements are right (√) or wrong (×).

1. 最近天气很晴朗。　　　　　　　　　　　　　　　（　　）
2. 米雪是非洲人。　　　　　　　　　　　　　　　　（　　）
3. 米雪申请的是中国北方的学校。　　　　　　　　　（　　）
4. 米雪第一年在中国过冬天时很适应。　　　　　　　（　　）
5. 米雪在中国第一次见到了雪。　　　　　　　　　　（　　）
6. 米雪没写关于雪的日记。　　　　　　　　　　　　（　　）

三、请听第三遍课文，根据你对课文的理解，将下面的语段补充完整，并朗读。

Listen to the text for the third time. Fill in the blanks according to what you hear and read the following paragraph aloud.

米雪在南非_____，长大，25岁前没有过过冬天。她_____了中国北方的一所学校留学。第一年的时候，她还没来得及_____厚衣服，冬天就来了，还下了一场大雪。米雪_____极了，因为那是她第一次见到雪。她被美丽的雪景吸引了，跟朋友们一起玩儿雪，还把雪写进了_____里。那真是一个美好的回忆！

课文二　空气污染是个全球性问题　　🔊 02-3
Text 2　Air pollution is a global issue

生词 Vocabulary 🔊 02-4

1	放鞭炮	fàng biānpào	V O	to set off firecrackers
	鞭炮	biānpào	N	firecracker
2	允许	yǔnxǔ	V	to allow
3	作用	zuòyòng	N	function
4	巴黎	Bālí	PN	Paris
5	全球性	quánqiúxìng		global
6	过去	guòqù	N	the past
7	重点	zhòngdiǎn	N	emphasis, focus
8	减少	jiǎnshǎo	V	to decrease, to reduce
9	数量	shùliàng	N	number, quantity
10	禁止	jìnzhǐ	V	to forbid, to ban
11	倒	dào	V	to pour, to dump
12	公共	gōnggòng	Adj	public
13	交通	jiāotōng	N	transportation
14	工具	gōngjù	N	tool

第二课　人与环境
Lesson 2　Humans and the environment

15	建	jiàn	V	to build
16	公路	gōnglù	N	highway
17	受到	shòudào		to receive, to get
18	共享单车	gòngxiǎng dānchē		shared bicycles

听后练习 Exercises

一、请听第一遍课文，选择正确答案。Listen to the text for the first time and choose the correct answers.

1. 根据对话，下面正确的是哪项？　　　　　　　　　　（　　）
   A. 很多城市没放鞭炮
   B. 今年冬天天不蓝
   C. 今年冬天几乎没太阳
   D. 城市的环境很好

2. 关于巴黎为解决城市污染问题做的工作，下面错误的是哪项？（　　）
   A. 减少汽车数量
   B. 减少工厂数量
   C. 禁止随便倒垃圾
   D. 鼓励乘坐公共交通工具

3. 关于巴黎，下面正确的是哪项？　　　　　　　　　　（　　）
   A. 空气质量特别好
   B. 可以放鞭炮
   C. 有共享单车
   D. 在建自行车公路

二、请听第二遍课文，回答问题。Listen to the text for the second time and answer the questions.

1. 今年的春节可以放鞭炮吗？为什么？
2. 巴黎的空气质量怎么样？巴黎政府做了什么工作？
3. 关于自行车公路，对话告诉我们什么？李白有什么想法？

三、请听第三遍课文，根据你对课文的理解，将下面的语段补充完整，并朗读。

Listen to the text for the third time. Fill in the blanks according to what you hear and read the following paragraph aloud.

过去，中国人在春节是放_____的，但现在为了保护环境，很多城市都不_____放鞭炮了。这样一来，空气好多了，天也比以前_____了。印象里，巴黎的空气质量应该不错，但其实也有问题。巴黎市政府做了很多工作，_____是减少污染，比如减少汽车数量，_____随便倒垃圾，鼓励人们乘坐_____交通工具。听说，巴黎正在建一条长45公里的_____公路，这个计划受到人们的欢迎。

我来说吧 Let's talk

一、你的故乡与现在你所在的中国城市的气候可能不太一样，请从季节数量、每个季节的天气特征、温度变化等方面来介绍一下。

二、人类只有一个地球，环境保护是我们共同关心的问题。请谈一谈你认为可以怎样保护环境。

挑战一下吧 Challenge yourself 02-5

一、选择正确答案。Choose the correct answers.

1. A. 她明天没事　　　　　　　　　　　　（　　）
   B. 她家里没有空调
   C. 她明天不想出门
   D. 她喜欢热天

2. A. 春天常常有雨　　　（　）
   B. 她很喜欢植物
   C. 她不喜欢刮风
   D. 她眼睛不太好

3. A. 他喜欢冷　　　　　（　）
   B. 他爱打扮
   C. 温度会降低
   D. 冬天不会冷

4. A. 春节应该放鞭炮　　（　）
   B. 保护环境很重要
   C. 空气越来越糟糕
   D. 女的受不了鞭炮

5. A. 她不爱出门　　　　（　）
   B. 停车挺容易
   C. 坐地铁方便
   D. 她不会开车

6. A. 她在中国长大　　　（　）
   B. 她在中国出生
   C. 她很喜欢看雪
   D. 她不喜欢冬天

7. A. 男的是山东人　　　（　）
   B. 男的喜欢清淡
   C. 女的是北方人
   D. 女的能适应冷

8. A. 下午可能有雪　　　　　　　　　　　（　）
   B. 现在已经下雨了
   C. 男的会带着伞
   D. 男的像小孩子

9. A. 男的在火车上　　　　　　　　　　　（　）
   B. 女的讨厌下雨
   C. 女的会来晚
   D. 女的在停车

10. A. 女的喜欢雨伞　　　　　　　　　　　（　）
    B. 女的不喜欢雨
    C. 男的担心下雪
    D. 男的常拿着伞

第三课 | 生活常识
Lesson 3 Life hacks

头脑风暴 Brainstorming

1. 你喜欢下雪吗？为什么？
2. 下雪的时候去外面，需要注意什么？

课文一 今年的第一场雪 03-1
Text 1 First snowfall of the year

生词 Vocabulary 03-2

1	冷静	lěngjìng	Adj	calm
2	双	shuāng	M	pair
3	雪地靴	xuědìxuē		snow boot(s)
4	暖和	nuǎnhuo	Adj	warm
5	落	luò	V	to fall, to drop
6	融化	rónghuà	V	to melt
7	湿	shī	Adj	wet
8	滑	huá	Adj	slippery
9	袜子	wàzi	N	sock(s)
10	俗话	súhuà	N	common saying
11	化	huà	V	to melt
12	低	dī	Adj	low
13	降	jiàng	V	to drop, to descend
14	气候	qìhòu	N	climate
15	湿润	shīrùn	Adj	moist
16	相机	xiàngjī	N	camera

听后练习 Exercises

一、请听第一遍课文，选择正确答案。Listen to the text for the first time and choose the correct answers.

1. 张萌看到下雪时心情怎么样？　　　　　　　　（　　）
   A. 很高兴
   B. 很担心
   C. 很紧张
   D. 很冷静

2. 张萌的同学为下雪这一天准备了什么？　　　　（　　）
   A. 照相机
   B. 雪地靴
   C. 厚袜子
   D. 肥裤子

3. 根据对话，下面错误的是哪项？　　　　　　　（　　）
   A. 这里气候很湿润
   B. 这里每年都下雪
   C. 这里冬天气温低
   D. 这里雪很难融化

二、请听第二遍课文，判断对错。Listen to the text for the second time and decide whether the following statements are right (√) or wrong (×).

1. 这是今年的第二场雪。　　　　　　　　　　　（　　）
2. 张萌的同学穿着雪地靴。　　　　　　　　　　（　　）
3. 这两天的天气很冷。　　　　　　　　　　　　（　　）
4. 雪地靴不防水，容易弄湿袜子。　　　　　　　（　　）
5. 张萌的同学买了很多厚衣服。　　　　　　　　（　　）
6. 过两天天气会变暖和。　　　　　　　　　　　（　　）

第三课　生活常识
Lesson 3　Life hacks

三、请听第三遍课文，根据你对课文的理解，将下面的语段补充完整，并朗读。

Listen to the text for the third time. Fill in the blanks according to what you hear and read the following paragraph aloud.

　　张萌的同学为了下雪天买了一双_____。今天外面下雪了，这是今年的第_____场雪，张萌的同学很想快点儿去外面看看。可是张萌觉得她最好不要穿雪地靴出去，因为这里气候_____，天气暖和的时候，雪很快就_____了。雪地靴不_____，如果弄湿了鞋和_____，走起路来既不_____也不安全。

课文二　我的车门打不开了
Text 2　My car door won't open

03-3

生词 Vocabulary　03-4

1	接线员	jiēxiànyuán	N	telephone operator
2	车门	chēmén	N	car door
3	详细	xiángxì	Adj	detailed
4	出差	chū//chāi	VO	to be on a business trip
5	开车	kāi//chē	VO	to drive a car
6	过	guò	Adv	too, excessively
7	结冰	jié bīng	V O	to freeze
	结	jié	V	to form, to coagulate
	冰	bīng	N	ice
8	浇	jiāo	V	to pour (liquid on)
9	破	pò	Adj	broken
10	玻璃	bōli	N	glass
11	毛巾	máojīn	N	towel
12	把手	bǎshou	N	handle
13	敲	qiāo	V	to knock

17

14	超过	chāoguò	V	to exceed
15	尽快	jǐnkuài	Adv	as soon as possible
16	维修	wéixiū	V	to maintain, to repair
17	人员	rényuán	N	staff, crew member

听后练习 Exercises

一、请听第一遍课文，选择正确答案。Listen to the text for the first time and choose the correct answers.

1. 根据对话，下面错误的是哪项？　　　　　　　（　）

　A. 李思齐今天出差

　B. 昨天晚上非常冷

　C. 李思齐的车停在外面

　D. 李思齐的车门打不开了

2. 关于怎么打开车门，下面错误的是哪项？　　　（　）

　A. 用热毛巾融化冰

　B. 往车门上浇热水

　C. 轻轻敲一敲车门

　D. 请维修人员帮忙

3. 关于李思齐的车，下面正确的是哪项？　　　　（　）

　A. 车窗玻璃破了

　B. 发生了事故

　C. 车门可能结冰了

　D. 需要尽快维修

二、请听第二遍课文，回答问题。Listen to the text for the second time and answer the questions.

1. 李思齐的车昨天停在哪儿了？为什么？

2. 李思齐的车出了什么问题？应该怎么解决？

3. 李思齐对接线员的回答满意吗？他打算怎么做？

第三课 生活常识
Lesson 3　Life hacks

三、请听第三遍课文，根据你对课文的理解，将下面的语段补充完整，并朗读。

Listen to the text for the third time. Fill in the blanks according to what you hear and read the following paragraph aloud.

我昨天晚上＿＿＿＿回来，为了方便就把车停在外面了。今天早上我准备开车去上班，发现车门＿＿＿＿都打不开了。可能是因为昨天外面＿＿＿＿过低，融化的雪水在车门上结了＿＿＿＿，所以车门打不开了。我给售后服务打了电话，接线员告诉我千万不能＿＿＿＿热水，这样可能会＿＿＿＿车窗玻璃，而是应该把热＿＿＿＿放在车门＿＿＿＿上或车门周围，然后轻轻＿＿＿＿车门。如果顺利，不＿＿＿＿十分钟车门就能打开了。

我来说吧　Let's talk

一、在你的国家，冬天的时候，你一般会穿什么样的衣服？在中国呢？

二、雪虽然很美，但也会给我们的生活带来很多不方便。具体有哪些不方便的事呢？请详细说一说。

挑战一下吧　Challenge yourself　03-5

一、选择正确答案。 Choose the correct answers.

1. A. 会很冷　　　　　　　　　　（　　）
   B. 会下雨
   C. 会下雪
   D. 有大风

2. A. 车门打不开了　　　　　　　　　　（　）
   B. 差点儿发生危险
   C. 把车停在了海边
   D. 发现车坏了很害怕

3. A. 没听见电话响　　　　　　　　　　（　）
   B. 不喜欢接电话
   C. 手机没有电了
   D. 正在门口脱鞋

4. A. 工作太多了做不完　　　　　　　　（　）
   B. 明天要早起去出差
   C. 明天要坐很早的火车
   D. 晚上要和朋友看电影

5. A. 女的不应该去聚会　　　　　　　　（　）
   B. 女的能去危险的地方
   C. 要和女的一起去
   D. 女的不能太晚回家

6. A. 雨很多　　　　　　　　　　　　　（　）
   B. 常下雪
   C. 特别冷
   D. 很奇怪

7. A. 他对这个活动不感兴趣　　　　　　（　）
   B. 他想在这个地方买东西
   C. 他想知道更多活动情况
   D. 他想让女的带他看一看

8. A. 步行　　　　　　　　　　　　（　）
   B. 开车
   C. 坐地铁
   D. 打车

9. A. 颜色漂亮　　　　　　　　　　（　）
   B. 有点儿大
   C. 最好换一双
   D. 价格太贵了

10. A. 去买行李箱　　　　　　　　　（　）
    B. 参加运动会
    C. 买一条毛巾
    D. 去别的地方

第四课 饮食文化
Lesson 4　　Food culture

头脑风暴　Brainstorming

1. 你的国家有哪些美食？
2. 除了你的国家的美食，你还喜欢吃哪国菜？
3. 你觉得中国菜的特点是什么？说一说你最喜欢的中国菜。

课文一　中午去吃火锅怎么样？ 🔊 04-1
Text 1　How about having hot pot for lunch?

生词 Vocabulary 🔊 04-2

1	巧克力	qiǎokèlì	N	chocolate
2	死	sǐ	Adj	dead
3	汉堡	hànbǎo	N	hamburger
4	薯条儿	shǔtiáor		French fries
5	肉	ròu	N	meat
6	热量	rèliàng	N	calorie, energy
7	刀	dāo	N	knife
8	叉子	chāzi	N	fork
9	勺子	sháozi	N	spoon
10	技术	jìshù	N	skill, technique
11	著名	zhùmíng	Adj	famous
12	蜗牛	wōniú	N	snail

第四课　饮食文化
Lesson 4　Food culture

听后练习 Exercises

一、请听第一遍课文，选择正确答案。Listen to the text for the first time and choose the correct answers.

1. 李白的同学中午想吃什么？　　　　　　　　（　　）
   A. 肯德基
   B. 麦当劳
   C. 英国菜
   D. 法国菜

2. 来中国以后，李白有什么变化？　　　　　　（　　）
   A. 变高了
   B. 变瘦了
   C. 变胖了
   D. 变帅了

3. 他们都喜欢吃什么？　　　　　　　　　　　（　　）
   A. 汉堡
   B. 薯条儿
   C. 蜗牛
   D. 火锅

二、请听第二遍课文，判断对错。Listen to the text for the second time and decide whether the following statements are right (√) or wrong (×).

1. 李白的同学觉得汉堡不仅方便，而且好吃。　（　　）
2. 李白的同学可能变胖了。　　　　　　　　　（　　）
3. 李白还不会用筷子。　　　　　　　　　　　（　　）
4. 李白的同学喜欢吃蜗牛。　　　　　　　　　（　　）
5. 他们决定中午吃麦当劳。　　　　　　　　　（　　）

三、请听第三遍课文，回答问题。Listen to the text for the third time and answer the questions.

1. 李白的同学为什么喜欢吃汉堡？
2. 刚来中国时，李白的同学用什么吃饭？现在他用筷子的技术怎么样？
3. 李白觉得法国最著名的菜是什么？他的同学喜欢吃吗？

课文二　生日聚会　04-3
Text 2　Birthday party

生词 Vocabulary　04-4

1	香	xiāng	Adj	(of food, etc.) appetizing, smelling good
2	盘子	pánzi	N	plate
3	包子	bāozi	N	steamed stuffed bun
4	盐	yán	N	salt
5	糖	táng	N	sugar
6	泡菜	pàocài	N	pickled vegetable
7	海带	hǎidài	N	kelp
8	印度	Yìndù	PN	India
9	咖喱	gālí	N	curry
10	鸡肉	jīròu	N	chicken
11	面	miàn	N	noodle(s)
12	长寿	chángshòu	Adj	living a long life
13	表示	biǎoshì	V	to show, to express
14	干杯	gān//bēi	VO	to drink a toast

第四课　饮食文化
Lesson 4　Food culture

听后练习 Exercises

一、请听第一遍课文，选择正确答案。Listen to the text for the first time and choose the correct answers.

1. 张萌刚学会做什么？　　　　　　　　　　（　　）
   A. 饺子
   B. 包子
   C. 盘子
   D. 勺子

2. 李白现在觉得中国菜的味道怎么样？　　　（　　）
   A. 比较重
   B. 比较清淡
   C. 很丰富
   D. 都是咸的

3. 北方人做菜会放很多什么？　　　　　　　（　　）
   A. 盐
   B. 糖
   C. 油
   D. 汤

二、请听第二遍课文，回答问题。Listen to the text for the second time and answer the questions.

1. 朋友们为什么来找张萌？
2. 中国的北方菜和南方菜有什么不同？
3. 韩国人过生日时喝什么？表示什么意思？
4. 中国人过生日时吃什么？表示什么意思？

三、请听第三遍课文，根据你对课文的理解，将下面的语段补充完整，并朗读。

Listen to the text for the third time. Fill in the blanks according to what you hear and read the following paragraph aloud.

中国菜的味道很_____。一般来说，北方人做菜喜欢放很多_____，口味比较重；南方人做菜会放一些_____，口味比较清淡。对韩国人来说，_____是每天都要吃的食物，而_____人吃饭离不开咖喱。

我来说吧 Let's talk

一、在你的国家，最著名的菜是什么？请你结合图片、视频等材料，给同学们介绍一下它的原料、味道、做法和历史故事。

二、几个人一组，分别扮演不同餐厅的老板和顾客，老板间进行竞争，顾客选择喜欢的餐厅就餐并说说选择这家餐厅的原因。顾客人数最多的餐厅将获得"最受欢迎餐厅"奖。

角色A：你是一位火锅店的老板，你可以用各种方式向顾客介绍你们火锅的特色，想办法吸引顾客到店里吃火锅。

角色B：你是一位中餐店的老板，你们餐厅有很多特色菜，比如西红柿炒鸡蛋、清炒山药等，你可以用各种方式向顾客介绍中国的炒菜，想办法吸引顾客到店里吃中国菜。

角色C：你是一位烧烤店的老板，你们餐厅的特色是让顾客自己切肉、自己烤，餐厅的环境也很好。请你想办法吸引顾客到店里吃烧烤。

三、心动不如行动。

学一道你喜欢的菜，然后和朋友们说说这道菜的做法。

挑战一下吧 Challenge yourself   04-5

听后练习 Exercises

一、选择正确答案。Choose the correct answers.

1. A. 她不太饿   (   )
   B. 她正在减肥
   C. 她想喝牛奶
   D. 她想吃巧克力

2. A. 以前男的能吃辣　　　　　　　　　（　）
　　B. 冬天适合吃火锅
　　C. 火锅对身体有好处
　　D. 火锅是四川的特色

3. A. 男的不会做饭　　　　　　　　　　（　）
　　B. 女的不喜欢甜的
　　C. 中国人会做泡菜
　　D. 韩国人喜欢泡菜

4. A. 她在北方留学　　　　　　　　　　（　）
　　B. 她做饭水平高
　　C. 她不习惯中国菜
　　D. 她喜欢吃北方菜

5. A. 胖了　　　　　　　　　　　　　　（　）
　　B. 牙疼
　　C. 肚子疼
　　D. 感冒了

6. A. 很辣　　　　　　　　　　　　　　（　）
　　B. 很咸
　　C. 肉太少
　　D. 水太多

7. A. 喜欢吃蛋糕　　　　　　　　　　　（　）
　　B. 喜欢吃面条儿
　　C. 今天过生日
　　D. 做饭很好吃

8. A. 女的不会做饭　　　　　　　　　　（　）
   B. 女的只吃麦当劳
   C. 男的喜欢吃中国菜
   D. 男的还没习惯吃中国菜

9. A. 让身材变好　　　　　　　　　　　（　）
   B. 让皮肤变好
   C. 让精神变好
   D. 让个子变高

10. A. 女的是韩国人　　　　　　　　　　（　）
    B. 女的不会做饭
    C. 男的长得很胖
    D. 男的会做中国菜

第五课　选购服饰
Lesson 5　Picking out clothes

头脑风暴　Brainstorming

1. 你现在正穿着什么衣服？为什么这么穿？
2. 如果你要参加中国朋友的婚礼，你会穿什么？为什么？

课文一　应该穿得正式一点儿　🔊 05-1
Text 1　You should dress a bit formally

生词 Vocabulary 🔊 05-2

1	正式	zhèngshì	Adj	formal
2	行动	xíngdòng	V	to move/get about
3	典礼	diǎnlǐ	N	ceremony
4	套	tào	M	*a measure word for things that come in sets*
5	礼服	lǐfú	N	formal dress
6	租	zū	V	to rent
7	服装店	fúzhuāngdiàn		clothes shop
	服装	fúzhuāng	N	clothes
8	成熟	chéngshú	Adj	mature
9	再说	zàishuō	Conj	besides, moreover
10	场合	chǎnghé	N	occasion
11	主持人	zhǔchírén		host, presenter
	主持	zhǔchí	V	to preside over, to host
12	一般	yìbān	Adj	ordinary, not very good
13	镜子	jìngzi	N	mirror
14	整理	zhěnglǐ	V	to tidy, to neaten

15	小伙子	xiǎohuǒzi	N	young man
16	理发	lǐ//fà	VO	to get a haircut
17	露	lù	V	to expose
18	耳朵	ěrduo	N	ear

听后练习 Exercises

一、请听第一遍课文，选择正确答案。Listen to the text for the first time and choose the correct answers.

1. 开学典礼的时候，李白要做什么？ （   ）
   A. 准备服装
   B. 主持典礼
   C. 表演节目
   D. 欢迎老师

2. 马小军觉得李白穿什么比较好？ （   ）
   A. 礼服
   B. 牛仔裤
   C. T恤
   D. 运动鞋

3. 关于李白的衣服，下面错误的是哪项？ （   ）
   A. 他的礼服在法国
   B. 他要穿一套礼服
   C. 他买了一套礼服
   D. 他要穿深色的礼服

二、请听第二遍课文，判断对错。Listen to the text for the second time and decide whether the following statements are right (√) or wrong (×).

1. 李白自己选的衣服不合适。 （   ）
2. 开学典礼没有记者。 （   ）

3. 李白和马小军去服装店租衣服。　　　　　　　　（　）

4. 李白自己选了一套礼服。　　　　　　　　　　　（　）

5. 马小军觉得主持人应该穿成熟一点儿。　　　　　（　）

6. 马小军觉得李白的头发应该再短一点儿。　　　　（　）

三、请听第三遍课文，回答问题。 Listen to the text for the third time and answer the questions.

1. 李白在这次开学典礼中要做什么？

2. 李白开始的时候想穿什么？

3. 李白觉得马小军的眼光怎么样？

课文二　有没有适合冬天穿的旗袍？　　🔊 05-3

Text 2　Is there a cheongsam for winter?

生词 Vocabulary　🔊 05-4

1	旗袍	qípáo	N	cheongsam
2	婚礼	hūnlǐ	N	wedding
3	新娘	xīnniáng	N	bride
4	误会	wùhuì	V	to be mistaken
5	粉色	fěnsè	N	pink
6	年龄	niánlíng	N	age
7	并且	bìngqiě	Conj	and, also
8	胳膊	gēbo	N	arm
9	中式	zhōngshì	Adj	Chinese-style
10	长款	chángkuǎn	Adj	(of clothing) long
11	原谅	yuánliàng	V	to forgive

听后练习 Exercises

一、请听第一遍课文，选择正确答案。 Listen to the text for the first time and choose the correct answers.

1. 根据对话，下面正确的是哪项？　　　　　　　　　（　）
   A. 米雪想买冬天穿的旗袍
   B. 米雪想买结婚穿的旗袍
   C. 米雪想买大红色的旗袍
   D. 米雪想买粉红色的旗袍

2. 关于售货员给米雪推荐的旗袍，下面错误的是哪项？（　）
   A. 店里的旗袍都适合冬天穿
   B. 米雪喜欢红色的旗袍礼服
   C. 粉红色的长旗袍露着胳膊
   D. 中式长款旗袍有三个颜色

3. 关于米雪选的旗袍，下面错误的是哪项？　　　　　（　）
   A. 是不露胳膊的
   B. 是适合冬天穿的
   C. 是成熟一点儿的
   D. 是长款深色的

二、请听第二遍课文，回答问题。 Listen to the text for the second time and answer the questions.

1. 米雪为什么要买旗袍？
2. 售货员给米雪推荐了什么样的旗袍？米雪满意吗？
3. 米雪最后决定选什么样的旗袍了吗？

三、请听第三遍课文，根据你对课文的理解，将下面的语段补充完整，并朗读。

Listen to the text for the third time. Fill in the blanks according to what you hear and read the following paragraph aloud.

　　米雪想买一件适合冬天穿的＿＿＿＿＿＿＿。售货员先给她看了一件大红色的旗袍礼服，可是米雪不太喜欢，因为她只是参加_____，不是自己结婚，穿大红色不合适。售货员又选了一件粉色的长旗袍，但是这件露着_____，冬天穿太冷了。最后，售货员又给米雪看了一件_____长款旗袍，米雪挺满意，她要_____一下选哪个颜色。

我来说吧　Let's talk

一、在开学典礼这样的正式场合，穿什么衣服合适？请说说你的想法。

二、在你的国家，参加婚礼的时候人们一般穿什么衣服？什么样的颜色和款式合适？请详细介绍一下。

挑战一下吧　Challenge yourself　05-5

一、选择正确答案。Choose the correct answers.

1. A. 短裤　　　　　　　　　　　　　（　）
   B. 衬衫
   C. 牛仔裤
   D. 运动服

2. A. 买东西　　　　　　　　　　　　（　）
   B. 买新车
   C. 买火车票
   D. 租车

3. A. 学校　　　　　　　　　　　　　（　）
   B. 饭店
   C. 咖啡店
   D. 服装店

4. A. 打电话　　　　　　　　　　　（　）
   B. 找衣服
   C. 参加典礼
   D. 整理房间

5. A. 工作特别忙　　　　　　　　　（　）
   B. 一直在开会
   C. 忘记了约会
   D. 误会了男的

6. A. 穿衬衫更好　　　　　　　　　（　）
   B. 穿礼服更好
   C. 男的不太帅
   D. 衣服很合适

7. A. 红色的旗袍　　　　　　　　　（　）
   B. 蓝色的旗袍
   C. 白色的衬衫
   D. 绿色的裙子

8. A. 一直在头疼　　　　　　　　　（　）
   B. 胳膊不舒服
   C. 出去运动了
   D. 喝了很多酒

9. A. 四岁　　　　　　　　　　　　（　）
   B. 五岁
   C. 六岁
   D. 七岁

10. A. 学生   （　）

　　B. 老师

　　C. 服务员

　　D. 售货员

第六课 | 身体健康
Lesson 6　Physical health

头脑风暴　Brainstorming

1. 你如果感冒了，会去医院吗？
2. 你平时关心自己的健康吗？你是怎么了解健康知识的？

课文一　别拿感冒不当病　06-1
Text 1　Take the cold seriously

生词 Vocabulary　06-2

1	大夫	dàifu	N	doctor
2	全身	quánshēn	N	whole body
3	测	cè	V	to measure, to test
4	体温	tǐwēn	N	temperature
5	量	liáng	V	to measure
6	嗓子	sǎngzi	N	throat
7	发炎	fāyán	V	to have inflammation
8	拉肚子	lā dùzi	V O	to suffer from diarrhea
9	乱	luàn	Adv	randomly, improperly
10	传染	chuánrǎn	V	to infect
11	打针	dǎ//zhēn	VO	to take an injection
12	照	zhào	Prep	according to
13	正确	zhèngquè	Adj	correct
14	当	dàng	V	to treat as

第六课　身体健康
Lesson 6　Physical health

听后练习 Exercises

一、请听第一遍课文，选择正确答案。Listen to the text for the first time and choose the correct answers.

1. 马小军为什么去医院？　　　　　　　　　　（　　）
   A. 去看病人
   B. 去拿药
   C. 去打工
   D. 去看病

2. 马小军什么时候测的体温？　　　　　　　　（　　）
   A. 起床后
   B. 午饭后
   C. 晚饭后
   D. 睡觉前

3. 关于流感，我们可以知道什么？　　　　　　（　　）
   A. 和普通感冒一样
   B. 和普通感冒不同
   C. 不需要打针吃药
   D. 比普通感冒好得快

二、请听第二遍课文，判断对错。Listen to the text for the second time and decide whether the following statements are right (√) or wrong (×).

1. 马小军早上量了体温，发现自己发烧了。　　（　　）
2. 马小军吃了不新鲜的食物，拉肚子了。　　　（　　）
3. 马小军今天早上才开始感觉不舒服。　　　　（　　）
4. 大夫认为马小军只是得了普通的感冒。　　　（　　）

三、请听第三遍课文，回答问题。Listen to the text for the third time and answer the questions.

1. 马小军为什么去医院看大夫？

2. 马小军哪里不舒服？

3. 马小军什么时候开始感觉不舒服的？

4. 大夫为什么要马小军先去验血？

课文二　有什么预防感冒的方法吗？ 06-3

Text 2　　Is there any way to prevent a cold?

生词 Vocabulary 06-4

1	急诊室	jízhěnshì		emergency room
2	满	mǎn	Adj	full
3	通常	tōngcháng	Adv	often, usually
4	预防	yùfáng	V	to prevent
5	规律	guīlǜ	Adj	regular
6	抵抗力	dǐkànglì		resistance, immunity
7	维生素	wéishēngsù	N	vitamin
8	补充	bǔchōng	V	to supplement
9	病毒	bìngdú	N	virus
10	通过	tōngguò	Prep	through, via
11	手	shǒu	N	hand
12	接触	jiēchù	V	to touch, to contact
13	传播	chuánbō	V	to spread
14	漱口	shù kǒu	V O	to rinse the mouth
15	阅读	yuèdú	V	to read
16	类	lèi	N	kind, category
17	杂志	zázhì	N	magazine

第六课 身体健康
Lesson 6 Physical health

听后练习 Exercises

一、请听第一遍课文，选择正确答案。Listen to the text for the first time and choose the correct answers.

1. 张萌和马小军在聊什么话题？　　　　（　　）
   A. 科学健身
   B. 预防感冒
   C. 健康杂志
   D. 健康饮食

2. 马小军为什么很久没去健身了？　　　　（　　）
   A. 得了重感冒
   B. 在为考试复习
   C. 放假回家了
   D. 出国旅行了

3. 下面哪项不能预防感冒？　　　　（　　）
   A. 生活要规律
   B. 多吃蔬菜水果
   C. 回家后先洗手
   D. 晚睡早起

二、请听第二遍课文，回答问题。Listen to the text for the second time and answer the questions.

1. 马小军这次感冒和以前比感觉有什么不同？
2. 张萌介绍了哪些预防感冒的方法？
3. 张萌是从哪里学到这些预防感冒的方法的？

三、请听第三遍课文，根据你对课文的理解，将下面的语段补充完整，并朗读。

Listen to the text for the third time. Fill in the blanks according to what you hear and read the following paragraph aloud.

我来介绍一些_____感冒的方法。生活不_____，身体就会变差，所以平时还是要早睡早起，少_____。_____运动、_____维生素C

都可以提高_____。另外，也要多吃蔬菜、水果。感冒病毒多_____说话、咳嗽、手的_____传染，所以回家后，一定要先洗手、_____。

我来说吧　Let's talk

一、怎样可以预防感冒？请跟大家介绍一下你知道的预防感冒的方法。

二、你平时关注健康知识吗？都是从哪些地方了解这方面的知识的？

三、心动不如行动。

请同学们6～8人一组，搜集资料，制作PPT，做一个健康常识小讲座，向大家介绍一些平时生活中需要了解的健康知识。

挑战一下吧　Challenge yourself　06-5

一、选择正确答案。Choose the correct answers.

1. A. 他感冒了　　　　　　　　　　　　　（　）
   B. 他发烧了
   C. 他迟到了
   D. 他熬夜了

2. A. 商场　　　　　　　　　　　　　　　（　）
   B. 餐厅
   C. 学校
   D. 医院

3. A. 他要去约会　　　　　　　　　　　　（　）
   B. 他急着去上课
   C. 他不喜欢咖啡
   D. 他担心传染别人

第六课　身体健康
Lesson 6　Physical health

4. A. 孩子被传染流感　　　　　　　　　（　　）
   B. 假期出去玩儿的人多
   C. 工作太忙没时间玩儿
   D. 人多的地方不好玩儿

5. A. 健康减肥　　　　　　　　　　　　（　　）
   B. 预防感冒
   C. 大学生活
   D. 汉语学习

6. A. 很高兴　　　　　　　　　　　　　（　　）
   B. 特别热
   C. 发烧了
   D. 很难过

7. A. 穿裙子不好看　　　　　　　　　　（　　）
   B. 明天天气不错
   C. 天气冷不适合穿裙子
   D. 出去玩儿不适合穿裙子

8. A. 路上堵车了　　　　　　　　　　　（　　）
   B. 记错时间了
   C. 走错地方了
   D. 工作没做完

9. A. 为了减肥　　　　　　　　　　　　（　　）
   B. 为了健康
   C. 为了好看
   D. 为了比赛

10. A. 考试　　　　　　　　　　　（　）
　　B. 聚会
　　C. 旅行
　　D. 出差

第七课 校园课程
Lesson 7　University courses

头脑风暴　Brainstorming

1. 你知道什么是暑期课程吗？在你的国家，学校里有暑期课程吗？
2. 除了汉语，你还想学习什么课程？打算怎么去学？

课文一　学校安排了暑期课程　　07-1
Text 1　The university has arranged summer courses

生词 Vocabulary　07-2

1	暑期	shǔqī	N	summer holiday
2	课程	kèchéng	N	course
3	法律	fǎlǜ	N	law
4	世纪	shìjì	N	century
5	教育	jiàoyù	N	education
6	等	děng	Pt	etc.
7	是否	shìfǒu	Adv	whether (or not)
8	具体	jùtǐ	Adj	detailed, specific
9	下载	xiàzài	V	to download
10	表	biǎo	N	form (official document)
11	复印	fùyìn	V	to photocopy
12	签字	qiān//zì	VO	to sign one's name
	签	qiān	V	to sign
13	签证	qiānzhèng	N	visa
14	其次	qícì	Pron	next, secondly
15	提交	tíjiāo	V	to submit, to hand (sth.) in

16	合格	hégé	Adj	qualified, up to standard
17	教务	jiàowù	N	educational administration
18	传真	chuánzhēn	N	fax

听后练习 Exercises

一、请听第一遍课文，选择正确答案。Listen to the text for the first time and choose the correct answers.

1. 这个暑假，李白想做什么？ （　　）
   - A. 旅行
   - B. 回国
   - C. 上课
   - D. 工作

2. 报名表需要交几份？ （　　）
   - A. 一份
   - B. 两份
   - C. 三份
   - D. 四份

3. 申请信上不需要写什么？ （　　）
   - A. 参加原因
   - B. 学习计划
   - C. 留学经历
   - D. 感兴趣的课程

二、请听第二遍课文，判断对错。Listen to the text for the second time and decide whether the following statements are right (√) or wrong (×).

1. 留学生不可以参加暑期课程。 （　　）
2. 暑期课程的课程内容很丰富。 （　　）
3. 参加暑期课程不需要办手续。 （　　）

4. 留学生需要复印护照和签证。　　　　　　　（　）

5. 李白还没有这学期的成绩单。　　　　　　　（　）

6. 李白的汉语水平不高。　　　　　　　　　　（　）

三、请听第三遍课文，回答问题。Listen to the text for the third time and answer the questions.

1. 李白对哪些暑期课程感兴趣？

2. 李白怎样才能得到暑期课程的报名表？

3. 关于暑期课程，李白担心什么？

课文二　我是来听课的　　🔊 07-3
Text 2　I'm here for the lecture

生词 Vocabulary　🔊 07-4

1	听课	tīng//kè	VO	to attend a lecture
2	收集	shōují	V	to collect
3	博士	bóshì	N	doctor (academic title), doctorate
4	论文	lùnwén	N	paper, thesis
5	写作	xiězuò	V	to write
6	获得	huòdé	V	to obtain
7	目的	mùdì	N	purpose
8	基础	jīchǔ	N	basis, foundation
9	教授	jiàoshòu	N	professor
10	保证	bǎozhèng	V	to guarantee, to ensure
11	失望	shīwàng	V & Adj	to lose hope; disappointed
12	有些	yǒuxiē	Adv	a bit, somewhat
13	预习	yùxí	V	to preview

听后练习 Exercises

一、请听第一遍课文，选择正确答案。 Listen to the text for the first time and choose the correct answers.

1. 根据对话，下面正确的是哪项？　　　　　　（　）
   A. 米雪要去图书馆听课
   B. 米雪要去图书馆借书
   C. 米雪和小军约好要见面
   D. 米雪和小军要一起吃饭

2. 关于米雪要上的课，下面错误的是哪项？　　（　）
   A. 是基础课
   B. 老师很幽默
   C. 是老师告诉她的
   D. 是关于收集资料的

3. 关于马小军，下面正确的是哪项？　　　　　（　）
   A. 担心听不懂这门课
   B. 论文写完了
   C. 对这门课不感兴趣
   D. 觉得这门课没意思

二、请听第二遍课文，回答问题。 Listen to the text for the second time and answer the questions.

1. 米雪为什么这么早去图书馆？
2. 马小军对米雪要去听的课有兴趣吗？为什么？
3. 米雪告诉了马小军一个学习的好方法，是什么方法？

三、请听第三遍课文，根据你对课文的理解，将下面的语段补充完整，并朗读。

Listen to the text for the third time. Fill in the blanks according to what you hear and read the following paragraph aloud.

米雪今天来图书馆是来听课的，因为她听说有一门关于_____资料的课，对她_____论文的写作会有帮助，可以让她有_____地整理和积累知识。专业课的同学告诉了她这门课，说这门课虽然是_____课程，但是_____很幽默，课程内容也很丰富，_____不会让她_____。米雪告诉了马小军一个学习的好方法，就是可以向老师要上课用的PPT，这样可以帮助自己_____和复习。

我来说吧　Let's talk

你有学习汉语的好方法吗？请具体说一说。

挑战一下吧　Challenge yourself　　07-5

一、选择正确答案。Choose the correct answers.

1. A. 18世纪的　　　　　　　　　　　　　（　）
   B. 19世纪的
   C. 20世纪的
   D. 21世纪的

2. A. 准备法律讲座　　　　　　　　　　　（　）
   B. 去听教育讲座
   C. 回答法律问题
   D. 调查教育情况

3. A. 在电脑上改论文　　　　　　　　　　（　）
   B. 看打印的论文
   C. 一个人改论文
   D. 看复印的论文

4. A. 查了电脑 （ ）
   B. 打了电话
   C. 问了同事
   D. 看了以前的放假时间

5. A. 老师不幽默 （ ）
   B. 课程太难了
   C. 男的不舒服
   D. 女的不想去

6. A. 借书 （ ）
   B. 还书
   C. 调查
   D. 听课

7. A. 这学期课程成绩合格的 （ ）
   B. 了解中国教育的
   C. 汉语水平高的
   D. 熟悉中国人的

8. A. 女的的成绩不太好 （ ）
   B. 女的没准备好材料
   C. 女的应该相信自己
   D. 面试的老师很严格

9. A. 去学习 （ ）
   B. 去参加活动
   C. 去听讲座
   D. 回宿舍

10. A. 课程不多　　　　　　（　）
    B. 需要申请
    C. 可以请假
    D. 会有成绩

第八课　学习方法
Lesson 8　Learning methods

头脑风暴　Brainstorming

1. 你学汉语几年了？学习汉语给你的生活带来了哪些变化？
2. 你认为现在学习汉语最大的困难是什么？这学期你有什么目标？

课文一　汉语还分真假？ 08-1
Text 1　Are there real Chinese and fake Chinese?

生词 Vocabulary 08-2

1	国际	guójì	N	international
2	发愁	fā//chóu	VO	to worry, to be anxious
3	假	jiǎ	Adj	fake
4	遛弯儿	liù//wānr	VO	to take a walk
5	中	zhōng	N	in, within
6	口语	kǒuyǔ	N	spoken language
7	闲人免进	xiánrén miǎn jìn		staff only
8	书面语	shūmiànyǔ	N	written language
9	表达	biǎodá	V	to express
10	相同	xiāngtóng	Adj	same
11	表扬	biǎoyáng	V	to praise

第八课　学习方法
Lesson 8　Learning methods

听后练习 Exercises

一、请听第一遍课文，选择正确答案。Listen to the text for the first time and choose the correct answers.

1. 张萌为什么表扬李白？　　　　　　　　　　　　（　）
   A. 他成绩很好
   B. 他很有礼貌
   C. 他答对了问题
   D. 他汉语水平提高了

2. 李白为什么觉得自己学的汉语不是真汉语？　　　（　）
   A. 他口语不太好
   B. 他懂的汉语太少
   C. 他很努力但汉语差
   D. 生活中的汉语和课本上的不同

3. 下面哪项是张萌告诉李白的学习汉语的好方法？　（　）
   A. 上课前好好儿预习
   B. 上课时认真学习
   C. 多向老师问问题
   D. 生活中多听多说

二、请听第二遍课文，判断对错。Listen to the text for the second time and decide whether the following statements are right (√) or wrong (×).

1. 李白觉得自己学的汉语是真汉语。　　　　　　　（　）
2. 李白听不懂人们打招呼时说的话。　　　　　　　（　）
3. 李白不明白"闲人免进"的意思。　　　　　　　　（　）
4. 张萌认为要想说好汉语需要多使用不同的表达方式。（　）

51

三、请听第三遍课文，回答问题。Listen to the text for the third time and answer the questions.

1. 李白为什么为提高汉语水平发愁？
2. 李白早上跑步的时候听到了什么？他发现了什么问题？
3. 李白到医院看病时看到了什么？他是怎么理解的？
4. 关于怎么提高汉语水平，张萌给了李白什么建议？

课文二　学习要注意方法　08-3

Text 2　Take note of learning methods

生词 Vocabulary　08-4

1	烦恼	fánnǎo	Adj	worried, troubled
2	笨	bèn	Adj	stupid, dull
3	日常	rìcháng	Adj	daily
4	方向	fāngxiàng	N	direction
5	逐渐	zhújiàn	Adv	gradually
6	困难	kùnnan	N	difficulty
7	部分	bùfen	N	part, section
8	词汇	cíhuì	N	vocabulary
9	词	cí	N	word
10	举一反三	jǔyī-fǎnsān		to draw inferences about other cases from one instance
11	相似	xiāngsì	Adj	similar
12	准确	zhǔnquè	Adj	accurate
13	功夫	gōngfu	N	effort
14	负	fù	V	to let (sb.) down

第八课　学习方法
Lesson 8　Learning methods

听后练习 Exercises

一、请听第一遍课文，选择正确答案。Listen to the text for the first time and choose the correct answers.

1. 李白最近为什么很烦恼？　　　　　　　　　　　　（　　）

    A. 上课没能答对问题

    B. 汉语水平考试没考好

    C. 留学生活快要结束了

    D. 汉语水平提高得慢了

2. 李思齐认为留学生在什么时候汉语水平提高得最快？（　　）

    A. 学汉语一年之后

    B. 学汉语两年之后

    C. 学汉语两个学期之后

    D. 刚开始学汉语的时候

3. 李白认为自己现在学汉语最大的困难是什么？　　（　　）

    A. 口语不好

    B. 听力不好

    C. 没有兴趣

    D. 词汇量不够

二、请听第二遍课文，回答问题。Listen to the text for the second time and answer the questions.

1. 李思齐认为留学生在什么时候汉语水平提高得最快？多久之后语言水平提高的速度会慢下来？

2. 李白认为自己学汉语最大的困难是什么？

3. 李思齐认为应该怎样学习、积累汉语词汇？

三、请听第三遍课文，根据你对课文的理解，将下面的语段补充完整，并朗读。

Listen to the text for the third time. Fill in the blanks according to what you hear and read the following paragraph aloud.

　　_____确实是提高汉语水平的关键，但学习词汇要注意方法。要把平时看到、听到、不明白的词记下来，了解它们的意思，然后学着用。注意在生活中_____语言知识，有一个好办法，就是_____。比如老师教给你一个新词，你要想一下有没有学过意思_____的词语，它们的意思有什么区别，什么时候用什么词更_____；有没有学过意思_____的词，都怎么使用。

我来说吧　Let's talk

一、你学习汉语多长时间了？你觉得在学汉语的过程中，哪个阶段自己提高得最快？哪个阶段提高得慢？

二、说说自己学汉语时遇到的困难，分享一下学习的经验。

三、心动不如行动。

　　请同学们6～8人一组，用照片、录音或录像记录生活中看到的生动有趣的语言现象，制作PPT，与大家分享在生活中学到的词语和有趣的表达。

挑战一下吧　Challenge yourself　　08-5

一、选择正确答案。Choose the correct answers.

1. A. 他考得不好　　　　　　　　　　　（　　）
   B. 他还不知道考试结果
   C. 他没通过考试
   D. 他通过了考试

2. A. 钱　　　　　　　　　　　　　　（　　）
   B. 机票
   C. 身份证
   D. 银行卡

3. A. 节目很受欢迎　　　　　　　　　（　　）
   B. 节目容易懂
   C. 节目时间短
   D. 节目可以帮助学习汉语

4. A. 旅行　　　　　　　　　　　　　（　　）
   B. 学习
   C. 考试
   D. 回家

5. A. 他上课很努力　　　　　　　　　（　　）
   B. 老师教得好
   C. 他读了很多汉语书
   D. 他在生活中学汉语

6. A. 可以更安全　　　　　　　　　　（　　）
   B. 可以更省钱
   C. 可以更方便
   D. 可以练习口语

7. A. 考试　　　　　　　　　　　　　（　　）
   B. 面试
   C. 买东西
   D. 开公司

8. A. 老师要求听　　　　　　　　　　　　（　）
　　B. 可以练口语
　　C. 可以学汉语
　　D. 可以了解中国

9. A. 考试成绩不好　　　　　　　　　　　（　）
　　B. 汉语阅读不好
　　C. 汉语写作不好
　　D. 汉语口语不好

10. A. 她成绩不好　　　　　　　　　　　　（　）
　　 B. 她不太努力
　　 C. 她考得很好
　　 D. 她非常紧张

第九课 | 中国社区
Lesson 9 Chinese community

头脑风暴 Brainstorming

1. 在你的国家，你参加过社区活动吗？如果参加过，请介绍一下。
2. 你参观过中国的社区吗？和你的国家有什么不同？

课文一 走进中国社区 09-1
Text 1 Into the Chinese community

生词 Vocabulary 09-2

1	小区	xiǎoqū	N	housing estate/complex
2	经过	jīngguò	V	to pass by
3	组织	zǔzhī	V	to organize
4	算	suàn	V	to count as
5	社区	shèqū	N	community
6	清理	qīnglǐ	V	to clean, to clear up
7	擦	cā	V	to wipe
8	单元	dānyuán	N	unit
9	大爷	dàye	N	uncle, a term of respect for an elder man (usually older than one's father)
10	招	zhāo	N	movement, move (in martial larts)
11	做法	zuòfǎ	N	way of doing sth., practice
12	激动	jīdòng	Adj	excited
13	以	yǐ	Prep	by, with
14	进一步	jìnyíbù	Adv	further
15	感受	gǎnshòu	V	to feel, to sense
16	友好	yǒuhǎo	Adj	friendly

57

17	感情	gǎnqíng	N	feeling, affection
18	缺点	quēdiǎn	N	shortcoming
19	责任	zérèn	N	responsibility

听后练习 Exercises

一、请听第一遍课文，选择正确答案。Listen to the text for the first time and choose the correct answers.

1. 李白参加了学校的什么活动？ （   ）
   A. 走进社区
   B. 学习汉语
   C. 中法交流
   D. 清理垃圾

2. 李白参加活动时的心情怎么样？ （   ）
   A. 感觉很累
   B. 非常紧张
   C. 特别激动
   D. 不太高兴

3. 李白觉得社区里什么用得太多了？ （   ）
   A. 电梯
   B. 小广告
   C. 塑料袋
   D. 垃圾车

二、请听第二遍课文，判断对错。Listen to the text for the second time and decide whether the following statements are right (√) or wrong (×).

1. 李白正在接受采访。 （   ）
2. 李白是第二次来这个社区。 （   ）

3. 李白今天做了很多事，感觉很累。　　　　　　（　）

4. 李白很高兴能进一步了解中国。　　　　　　　（　）

5. 李白对小区的印象不太好。　　　　　　　　　（　）

6. 李白建议大家以后注意保护环境。　　　　　　（　）

三、请听第三遍课文，回答问题。Listen to the text for the third time and answer the questions.

1. 李白参加的是什么活动？

2. 李白和同学们先参观了哪儿？

3. 李白来到中国社区的心情怎么样？

课文二　社区服务调查　　09-3

Text 2　Community service survey

生词 Vocabulary 09-4

1	沙发	shāfā	N	sofa, couch
2	称呼	chēnghu	V	to call, to address sb. (as sth.)
3	护士	hùshi	N	nurse
4	礼貌	lǐmào	N	polite
5	空巢老人	kōngcháo lǎorén		empty nester, an elderly person whose children are not around
6	孙子	sūnzi	N	grandson
7	接	jiē	V	to receive
8	瞒	mán	V	to conceal, to hide the truth from

听后练习 Exercises

一、请听第一遍课文，选择正确答案。Listen to the text for the first time and choose the correct answers.

1. 根据对话，下面正确的是哪项？　　　　　　　　（　）
   A. 常有外国人来王大爷的家
   B. 王大爷觉得小区很方便
   C. 王大爷不常去小区广场
   D. 王大爷和儿子住在一起

2. 关于小区周围的环境，下面错误的是哪项？　　　（　）
   A. 小区里有医院
   B. 小区里有超市
   C. 社区医院的大夫态度很好
   D. 社区医院的护士很有礼貌

3. 关于王大爷的生活，下面错误的是哪项？　　　　（　）
   A. 王大爷常常和老邻居聊天儿
   B. 王大爷不理解儿子
   C. 王大爷希望儿子常常回来
   D. 王大爷会打太极拳

二、请听第二遍课文，回答下列问题。Listen to the text for the second time and answer the questions.

1. 王大爷对小区周围的环境满意吗？
2. 小区里人们的关系怎么样？
3. 王大爷为什么说自己是"空巢老人"？

三、请听第三遍课文，根据你对课文的理解，将下面的语段补充完整，并朗读。

Listen to the text for the third time. Fill in the blanks according to what you hear and read the following paragraph aloud.

为了进行社区服务调查，李白去了王_____的家。王大爷让李白坐在

第九课　中国社区
Lesson 9　Chinese community

_____上，跟他聊起了自己在小区的生活。他对小区周围的环境很满意，觉得生活很方便，特别是社区医院里的_____和_____，对老人很有_____。王大爷有时间就在小区广场和老邻居聊天儿，打太极拳。因为他现在算是个"_____"，儿子平时工作忙，只有周末才能带_____回来，还常常饭都没吃完，_____个电话就走了。王大爷觉得，说_____，这都是小事，只要孩子们过得好，他就放心了。

我来说吧　Let's talk

一、你觉得你家所在的社区环境怎么样？邻居之间的关系呢？

二、你参加过学校组织的哪些活动？请选一个印象最深的详细介绍一下。

挑战一下吧　Challenge yourself　09-5

一、选择正确答案。Choose the correct answers.

1. A. 不感兴趣　　　　　　　　　　　（　）
   B. 要擦玻璃
   C. 想在家休息
   D. 要准备工作

2. A. 让留学生参观中国社区　　　　　（　）
   B. 让留学生进行社区调查
   C. 让留学生参加社区交流
   D. 让留学生更加了解中国

3. A. 价格很高　　　　　　　　　　　（　）
   B. 有点儿大
   C. 不好清理
   D. 不容易开

61

4. A. 看房子　　　　　　　　　　　　　　　（　）
   B. 买房子
   C. 看沙发
   D. 看电影

5. A. 他很有礼貌　　　　　　　　　　　　　（　）
   B. 他非常可爱
   C. 他今天生日
   D. 女的有很多礼物

6. A. 同学　　　　　　　　　　　　　　　　（　）
   B. 小姐
   C. 先生
   D. 老师

7. A. 学校　　　　　　　　　　　　　　　　（　）
   B. 医院
   C. 邮局
   D. 超市

8. A. 一个人住　　　　　　　　　　　　　　（　）
   B. 和朋友一起住
   C. 和儿子一起住
   D. 和孙子一起住

9. A. 孩子不喜欢和老人一起生活　　　　　　（　）
   B. 孩子去别的地方工作了
   C. 老人喜欢一个人生活
   D. 老人去别的地方旅游了

10. A. 让老人也去别的城市生活　　　　　　（　　）
　　B. 让孩子回到老人的身边
　　C. 在情感上关心他们
　　D. 让老人去关爱别人

第十课　婚恋问题
Lesson 10　Love and marriage

头脑风暴　Brainstorming

1. 请说说你心中理想的爱人是什么样的。
2. 你的父母会干涉你的恋爱和婚姻吗？

课文一　想让你嫁得近一点儿
Text 1　I hope that you will marry someone near us

10-1

生词 Vocabulary 10-2

1	征婚	zhēng//hūn	VO	to seek a potential spouse (through advertisement, etc.)
2	启事	qǐshì	N	notice, announcement
3	单身	dānshēn	V	to be single (neither married nor in a relationship)
4	要求	yāoqiú	V	to demand, to require
5	诚实	chéngshí	Adj	honest
6	嫁	jià	V	(of a woman) to marry (sb.)
7	其中	qízhōng	N	in, among
8	稳定	wěndìng	Adj	stable, steady
9	父亲	fùqin	N	father
10	苦	kǔ	Adj	hard, bitter, miserable

第十课　婚恋问题
Lesson 10　Love and marriage

听后练习 Exercises

一、请听第一遍课文，选择正确答案。Listen to the text for the first time and choose the correct answers.

1. 张萌看到了什么？　　　　　　　　　　　　　　　　（　　）
   A. 一本书
   B. 一台电脑
   C. 一张广告
   D. 一张征婚启事

2. 张萌的父亲老张为什么要求小伙子"最好住在这个小区"？（　　）
   A. 他更熟悉这个小区的人
   B. 这个小区的环境更好
   C. 想让女儿嫁得近一点儿
   D. 不想让女儿过得苦

3. 下面哪项不是老张提出的征婚条件？　　　　　　　　（　　）
   A. 有技术
   B. 收入高
   C. 诚实善良
   D. 身体健康

二、请听第二遍课文，判断对错。Listen to the text for the second time and decide whether the following statements are right (√) or wrong (×).

1. 老张希望女儿能嫁得近一点儿。　　　　　　　　　　（　　）
2. 老张写征婚启示之前跟女儿商量过了。　　　　　　　（　　）
3. 征婚启事中要求小伙子要身体健康，诚实，善良，有技术。（　　）
4. 征婚启事中要求小伙子一定要在这个小区工作。　　　（　　）

三、请听第三遍课文，回答问题。Listen to the text for the third time and answer the questions.

1. 张萌发现了父亲写的什么？她的心情怎么样？

2. 老张在征婚启事中提出了哪些要求？

3. 老张为什么要求小伙子"最好住在这个小区"？

课文二　请别叫我"剩女"　　10-3
Text 2　Don't call me "leftover girl"

生词 Vocabulary　10-4

1	亲戚	qīnqi	N	relative, kin
2	干涉	gānshè	V	to interfere
3	普遍	pǔbiàn	Adj	common, widespread
4	女性	nǚxìng	N	female
5	职业	zhíyè	N	occupation, profession
6	婚姻	hūnyīn	N	marriage
7	填空	tián//kòng	VO	to fill in the blank
8	算	suàn	V	to count, to carry weight
9	演讲	yǎnjiǎng	V	to give a speech
10	性别	xìngbié	N	gender
11	歧视	qíshì	V	to discriminate against

第十课　婚恋问题

Lesson 10　Love and marriage

听后练习 Exercises

一、请听第一遍课文，选择正确答案。Listen to the text for the first time and choose the correct answers.

1. 张萌的父母为什么今年开始为她的婚姻大事着急了？（　　）

   A. 担心张萌只学习

   B. 想让女儿一毕业就结婚

   C. 担心张萌做"剩女"

   D. 看到别人家的孩子都结婚了

2. 张萌为什么觉得"剩女"这个词让人听着不舒服？（　　）

   A. 这个词是社会热词

   B. 这个词被写入词典了

   C. 这个词有些性别歧视

   D. 这个词这几年特别流行

3. 你觉得"剩女"是什么意思？（　　）

   A. 不想结婚的女性

   B. 已经结婚的女性

   C. 单身女性

   D. 年龄比较大的单身女性

二、请听第二遍课文，回答问题。Listen to the text for the second time and answer the questions.

1. 张萌为什么成了饭桌上亲戚们讨论的重点？

2. 张萌为什么觉得"剩女"这个词让人听着不舒服？

三、请听第三遍课文，根据你对课文的理解，将下面的语段补充完整，并朗读。

Listen to the text for the third time. Fill in the blanks according to what you hear and read the following paragraph aloud.

"＿＿＿＿＿"这个词这几年特别流行，这对知识＿＿＿＿、＿＿＿＿女性来说，压力确实挺大。有很多女性表示，不会因为＿＿＿＿大了就

67

随便选择婚姻，婚姻不是做_____题，_____是结婚的基础，自己的_____自己说了算。

我来说吧　Let's talk

一、在你的国家，对女性的婚恋时间，有被大家普遍认可的时间表吗？比如，大多数人认为女生多少岁之前该结婚？多少岁之前该生孩子？

二、你认为为什么会出现"剩女"这样的社会现象？你怎么看待"剩女"这个词？

三、心动不如行动。

请同学们6～8人一组，做一份调查问卷，调研一下同学们的婚恋观。

挑战一下吧　Challenge yourself　　10-5

一、选择正确答案。Choose the correct answers.

1. A. 车票难买　　　　　　　　　　（　）
   B. 离家太远
   C. 年纪还小
   D. 还是单身

2. A. 出国留学　　　　　　　　　　（　）
   B. 参加朋友婚礼
   C. 参加社区服务
   D. 参加社团活动

3. A. 是男的写的　　　　　　　　　（　）
   B. 是女的写的
   C. 是女的的爸爸写的
   D. 是男的的妈妈写的

第十课　婚恋问题
Lesson 10　Love and marriage

4. A. 不结婚　　　　　　　　　（　　）

　　B. 早结婚

　　C. 晚结婚

　　D. 别着急

5. A. 谈恋爱了　　　　　　　　（　　）

　　B. 会打扮了

　　C. 穿了新衣服

　　D. 减肥成功了

6. A. 和男的见面　　　　　　　（　　）

　　B. 加男的的微信

　　C. 和男的吃饭

　　D. 和男的喝咖啡

7. A. 女的已经结婚了　　　　　（　　）

　　B. 女的有男朋友了

　　C. 女的不想结婚

　　D. 女的还是单身

8. A. 女儿的健康　　　　　　　（　　）

　　B. 女儿的学习

　　C. 女儿的婚姻

　　D. 女儿的工作

9. A. 不想结婚　　　　　　　　（　　）

　　B. 认为爱情是婚姻的基础

　　C. 年龄大了着急结婚

　　D. 对婚姻的要求不太高

10. A. 大多经济独立　　　　　　　　　　（　）
    B. 大多对婚姻有高要求
    C. 都是优秀的毕业生
    D. 是年龄较大的单身女性

第十一课　娱乐生活
Lesson 11　Entertainment

头脑风暴　Brainstorming

1. 周末你通常会做些什么？
2. 你喜欢听哪些歌？你会和朋友去 KTV 吗？
3. 你平时喜欢看书吗？请跟大家推荐一本你读过的好书。

课文一　《中国好声音》  11-1
Text 1　The Voice of China

生词　Vocabulary　11-2

1	娱乐	yúlè	N	entertainment, recreation
2	副	fù	M	a measure word for facial expressions, voices, etc.
3	见识	jiànshi	V	to see and know, to broaden one's horizons
4	过奖	guòjiǎng	V	to overpraise
5	歌曲	gēqǔ	N	song
6	歌手	gēshǒu	N	singer
7	粉丝	fěnsī	N	fan (of a singer, pop star, ect.)
8	首	shǒu	M	a measure word for songs, poems. etc.
9	拿手	náshǒu	Adj	adept, good at, handy
10	法文	Fǎwén	PN	French (language)
11	改编	gǎibiān	V	to adapt (sth.)
12	麦霸	màibà	N	karaoke master, mic king/queen
13	大饱耳福	dàbǎo-ěrfú		to have a feast for the ears
	耳福	ěrfú	N	feast for the ears

听后练习 Exercises

一、请听第一遍课文，选择正确答案。 Listen to the text for the first time and choose the correct answers.

1. 李白这个周末有什么安排？　　　　　　　　　　　　（　　）
   A. 要好好儿复习
   B. 在宿舍做作业
   C. 要参加考试
   D. 要好好儿放松

2. 李白最喜欢听什么歌？　　　　　　　　　　　　　　（　　）
   A. 法国流行歌曲
   B. 中国流行歌曲
   C. 法国古典歌曲
   D. 中国古典歌曲

3. 李白学的第一首中文歌《月亮代表我的心》是谁唱的？（　　）
   A. 邓丽君
   B. 周杰伦
   C. 马小军
   D. 王菲

二、请听第二遍课文，判断对错。 Listen to the text for the second time and decide whether the following statements are right (√) or wrong (×).

1. 李白很喜欢唱歌。　　　　　　　　　　　　　　　　（　　）
2. 李白喜欢中国流行歌曲。　　　　　　　　　　　　　（　　）
3. 李白从来不听老歌。　　　　　　　　　　　　　　　（　　）
4. 李白可以把法语歌改编成中文歌。　　　　　　　　　（　　）

第十一课　娱乐生活
Lesson 11　Entertainment

三、请听第三遍课文，回答问题。Listen to the text for the third time and answer the questions.

1. 李白上周做什么了？这个周末他有什么打算？
2. 李白平时喜欢听谁的歌？
3. 李白是怎样改编法语歌的？

课文二　碎片时间
Text 2　Fragmented time

11-3

生词 Vocabulary　11-4

1	小说	xiǎoshuō	N	novel, fiction
2	作者	zuòzhě	N	author
3	科幻	kēhuàn	N	science fiction
4	作家	zuòjiā	N	writer
5	说起	shuōqi		to bring up (a topic), to mention
6	利用	lìyòng	V	to make use of
7	碎片	suìpiàn	N	fragment
8	零碎	língsuì	Adj	fragmentary
9	等候	děnghòu	V	to wait
10	课间	kèjiān	N	break between classes
11	高速公路	gāosù gōnglù		expressway
12	电子书	diànzǐshū	N	e-book
13	阅读器	yuèdúqì		reader, reading device
14	数字	shùzì	N	digital form

听后练习 Exercises

一、请听第一遍课文，选择正确答案。 Listen to the text for the first time and choose the correct answers.

1. 李白和李思齐在聊什么话题？　　　　　　　　　（　　）
   A. 去餐厅吃饭
   B. 用碎片时间读书
   C. 最近流行的网络小说
   D. 上下班路上可以做什么

2. 下面哪项不属于"碎片时间"？　　　　　　　　　（　　）
   A. 上下班坐地铁的时间
   B. 餐厅排队等候的时间
   C. 高速公路上堵车的时间
   D. 周末休息的时间

3. 关于电子书，我们可以知道什么？　　　　　　　（　　）
   A. 价格很便宜
   B. 价格比较贵
   C. 比纸质书更好看
   D. 比纸质书方便

二、请听第二遍课文，回答问题。 Listen to the text for the second time and answer the questions.

1. 李思齐平时都用什么时间读书？
2. 李思齐所说的"碎片时间"是指什么时间？
3. 最后李思齐的建议是什么？

三、请听第三遍课文，根据你对课文的理解，将下面的语段补充完整，并朗读。
Listen to the text for the third time. Fill in the blanks according to what you hear and read the following paragraph aloud.

现在人们把平时生活中的那些_____时间叫作"碎片时间"，比如

第十一课　娱乐生活
Lesson 11　Entertainment

上下班坐地铁的时间、在餐厅排队_____的时间、_____休息的时间、在_____上堵车的时间，这些都是碎片时间。碎片时间看起来都很短，但如果_____起来，也能读不少书呢。

我来说吧　Let's talk

一、你平时休息的时候喜欢做什么？有什么爱好？

二、你喜欢读书吗？向大家推荐一下你读过的好书，并说说现代人的阅读习惯和以前有哪些不同。

三、心动不如行动。

请做一张碎片时间记录表，记录一下自己的碎片时间都有哪些，这些时间加起来大约多长。向同学们介绍一下自己通常用这些碎片时间做什么，然后与大家讨论怎样可以更有规划地利用碎片时间。

挑战一下吧　Challenge yourself　　11-5

一、选择正确答案。Choose the correct answers.

1. A. 天气不好　　　　　　　　　　　　（　）
   B. 没有兴趣
   C. 想要休息
   D. 想要复习

2. A. 科幻小说　　　　　　　　　　　　（　）
   B. 网络小说
   C. 传说故事
   D. 爱情小说

3. A. 演讲 （　）
   B. 小品
   C. 唱歌
   D. 跳舞

4. A. 他不喜欢唱歌 （　）
   B. 他不想只听歌
   C. 他周末没时间
   D. 他想在家复习

5. A. 是一首老歌 （　）
   B. 是一首新歌
   C. 女的不太喜欢
   D. 女的没有听过

6. A. 家住得很近 （　）
   B. 自己开车上班
   C. 搬到了单位附近
   D. 经常在地铁上读书

7. A. 在家看书 （　）
   B. 去看电影
   C. 去公园散步
   D. 去图书馆看书

8. A. 他要去图书馆 （　）
   B. 他借走了书
   C. 他有电子书
   D. 他还没写作业

9. A. 不能阅读电子杂志　　　　　（　）
   B. 没有电脑功能多
   C. 可以阅读电子报纸
   D. 可以安装在手机里

10. A. 价格比电脑便宜　　　　　（　）
    B. 不能改变字的大小
    C. 长时间读书容易累
    D. 能保护眼睛

第十二课 租房买房
Lesson 12　Renting or buying a home

头脑风暴　Brainstorming

1. 你有租房的经历吗？你在租房的时候，会考虑哪些方面的问题？
2. 你如果要买房的话，会买二手房吗？说说原因。

课文一　要不要搬到校外去住？　🔊 12-1
Text 1　Do you want to move off campus?

生词 Vocabulary 🔊 12-2

1	原来	yuánlái	Adv	it turns out that…, the truth is…
2	与	yǔ	Prep	with
3	俩	liǎ	Q	two
4	想法	xiǎngfǎ	N	thought, opinion
5	然而	rán'ér	Conj	but, however
6	不足	bùzú	N	shortcoming, deficiency
7	公寓	gōngyù	N	apartment
8	活泼	huópō	Adj	lively
9	同屋	tóngwū	N	roommate
10	地点	dìdiǎn	N	place, location
11	房屋中介	fángwū zhōngjiè		letting agency
12	脾气	píqi	N	temperament
13	运气	yùnqi	N	luck
14	房东	fángdōng	N	landlord/lady

第十二课　租房买房
Lesson 12　Renting or buying a home

听后练习 Exercises

一、请听第一遍课文，选择正确答案。Listen to the text for the first time and choose the correct answers.

1. 李白昨晚为什么没睡好？　　　　　　　　　　　　　（　　）
   A. 他熬夜了
   B. 他有聚会
   C. 他去玩儿了
   D. 他在想问题

2. 关于住在学校里的好处，张萌没提到下面哪项？　　　（　　）
   A. 宿舍离教室很近
   B. 校园里安全
   C. 可以吃食堂
   D. 住宿舍不用花钱

3. 李白认为住校外有什么好处？　　　　　　　　　　　（　　）
   A. 购物方便
   B. 能多说汉语
   C. 能有更多朋友
   D. 能吃得更好

4. 张萌认为搬到校外住的话，什么可能会比较麻烦？　　（　　）
   A. 中介不太安全
   B. 找中国人
   C. 找好同屋
   D. 房东不愿租房

二、请听第二遍课文，判断对错。Listen to the text for the second time and decide whether the following statements are right (√) or wrong (×).

1. 李白的邻居昨晚聚会了。　　　　　　　　　　　　　（　　）

2. 李白跟他的同学很久没见了。　　　　　　　　（　）

3. 李白的汉语进步很大。　　　　　　　　　　　（　）

4. 张萌认为住学校挺好。　　　　　　　　　　　（　）

5. 李白认为住在学校里很不方便。　　　　　　　（　）

6. 李白有搬到校外住的想法。　　　　　　　　　（　）

7. 租房子可以找房屋中介。　　　　　　　　　　（　）

8. 找到一个好同屋要看运气。　　　　　　　　　（　）

三、请听第三遍课文，根据你对课文的理解，将下面的语段补充完整，并朗读。

Listen to the text for the third time. Fill in the blanks according to what you hear and read the following paragraph aloud.

　　李白的同学在校外租了一套_____，同屋是个热情、_____的中国学生，这让他的汉语有了很大的_____。李白听说以后，也有了在校外租房子的_____。可他既担心不容易找到_____的房子，又担心找不到合适的中国同屋。张萌建议他去找房屋_____，但认为_____生活习惯和脾气_____都合适的同屋得看运气，找个好房东也很重要。

课文二　乔迁之喜　　🔊 12-3

Text 2　Celebration of moving to a new home

生词 Vocabulary 🔊 12-4

1	宽敞	kuānchang	Adj	spacious
2	空间	kōngjiān	N	space
3	做客	zuò//kè	VO	to be a guest
4	二手房	èrshǒufáng	N	second-hand house/apartment
5	面积	miànjī	N	area
6	平米	píngmǐ	M	square meter
7	卧室	wòshì	N	bedroom

第十二课　租房买房
Lesson 12　Renting or buying a home

8	卫生间	wèishēngjiān	N	bathroom
9	稍	shāo	Adv	a bit, slightly
10	户型	hùxíng	N	house/apartment structure
11	草	cǎo	N	grass
12	祝贺	zhùhè	V	to congratulate
13	乔迁之喜	qiáoqiān zhī xǐ		joyous occasion of moving to a new home

听后练习 Exercises

一、请听第一遍课文，选择正确答案。Listen to the text for the first time and choose the correct answers.

1. 关于米雪，我们可以知道什么？　　　（　）

    A. 她新租了房子

    B. 她的孩子还没上学

    C. 新住的小区环境一般

    D. 她的孩子喜欢学校

2. 关于王语的新房子，我们可以知道什么？（　）

    A. 卧室不够大

    B. 还没收拾好

    C. 户型不太好

    D. 是个二手房

3. 关于王语住的小区，我们可以知道什么？（　）

    A. 附近没地铁

    B. 超市比较远

    C. 小区环境美

    D. 叫花园小区

二、请听第二遍课文，判断对错。Listen to the text for the second time and decide whether the following statements are right (√) or wrong (×).

1. 米雪买了新房子。   （   ）

2. 米雪的孩子在小区里可以交很多朋友。   （   ）

3. 米雪一家有三口人。   （   ）

4. 王语的二手房的面积是 100 平米。   （   ）

5. 新房子的价格比二手房稍低。   （   ）

6. 王语住的新小区交通方便。   （   ）

7. 王语住的新小区环境很美，像个花园。   （   ）

8. 米雪可能不能去王语的新家了。   （   ）

三、请听第三遍课文，根据你对课文的理解，将下面的语段补充完整，并朗读。

Listen to the text for the third time. Fill in the blanks according to what you hear and read the following paragraph aloud.

　　米雪最近刚在小龙学校_____的小区租了房子，因为小龙大了，需要更_____的空间，而且接送孩子方便。一到周末就有好多小朋友在小区的_____上玩儿，小龙挺喜欢这个地方的。

　　王语最近有乔迁之喜。她买了一套_____，140平米，在八楼，客厅、_____、卫生间都很宽敞。价格合适，_____好，交通也方便。出门就有公共汽车、地铁，附近有_____、商场。王语最满意的还是小区环境，_____特别多，就像一个花园。

第十二课　租房买房
Lesson 12　Renting or buying a home

我来说吧　Let's talk

一、请你比较一下住在学校宿舍和住在校外公寓的好处和坏处，并在下面的表格里写写你的想法。

	住在学校宿舍	住在校外公寓
好处		
坏处		

二、如果你要在城市里买房子，你会考虑哪些方面的问题？请参考下面的提示，并结合你自己的想法来说一说。

我要买房	
位置	
交通	
购物	
面积	
户型	
价格	
小区环境	

挑战一下吧 Challenge yourself 12-5

一、选择正确答案。Choose the correct answers.

1. A. 她要租房　　　　　　　　　　　　（　）
   B. 她要买房
   C. 她是房东
   D. 她是中介

2. A. 她在找新家钥匙　　　　　　　　　（　）
   B. 她要装修房子
   C. 她看过新家了
   D. 她在新家打扫

3. A. 小区环境差　　　　　　　　　　　（　）
   B. 新房价格贵
   C. 小区交通不便
   D. 新房卖光了

4. A. 男的搬家了　　　　　　　　　　　（　）
   B. 男的会去做客
   C. 女的在收拾家
   D. 女的接受了邀请

5. A. 她忘了带钥匙　　　　　　　　　　（　）
   B. 她走错了路
   C. 她正在问路
   D. 她住8号楼

6. A. 女的想买套房子　　　　　　（　）
　　B. 男的在推荐房子
　　C. 小学附近房子少
　　D. 房子里面有照片

7. A. 家具不好　　　　　　　　　（　）
　　B. 没装修好
　　C. 价格太贵
　　D. 户型不好

8. A. 男的想买套房子　　　　　　（　）
　　B. 女的有三个孩子
　　C. 房子还剩余不少
　　D. 他们可能去看房

9. A. 他有不少房子　　　　　　　（　）
　　B. 他正在办手续
　　C. 他有买房经验
　　D. 他在银行工作

10. A. 经济能力差也要买房　　　　（　）
　　B. 生活空间越大越好
　　C. 要考虑房子附近的环境
　　D. 不能相信房屋中介

第十三课　智能生活
Lesson 13　Smart living

头脑风暴　Brainstorming

1. 现在人们普遍使用智能手机，你觉得智能手机和以前的手机有什么区别？
2. 你最常用的 app 是什么？如果让你发明一个 app，你会发明什么？

课文一　人脸识别　🔊 13-1
Text 1　Face recognition

生词 Vocabulary 🔊 13-2

1	结账	jié//zhàng	VO	to pay a bill
2	识别	shíbié	V	to recognize, to identify
3	功能	gōngnéng	N	function
4	秒	miǎo	M	second (unit of time)
5	无法	wúfǎ	V	cannot, to be unable to
6	警察	jǐngchá	N	police
7	抓	zhuā	V	to catch, to seize
8	逃跑	táopǎo	V	to run away, to escape
9	人工智能	réngōng zhìnéng		artificial intelligence
	人工	réngōng	Adj	artificial
	智能	zhìnéng	N	intelligence
10	做梦	zuò//mèng	VO	to dream
	梦	mèng	N	dream
11	由	yóu	Prep	by, through
12	随着	suízhe	Prep	along with, in the wake of

第十三课　智能生活
Lesson 13　Smart living

听后练习 Exercises

一、请听第一遍课文，选择正确答案。Listen to the text for the first time and choose the correct answers.

1. 马小军和李白现在在哪儿？　　　　　　（　　）
   A. 餐厅
   B. 银行
   C. 商场
   D. 手机店

2. 李白用什么当手机的付款密码？　　　　（　　）
   A. 手机号码
   B. 银行密码
   C. 脸部信息
   D. 指纹信息

3. 最近警察通过什么技术抓住了坏人？　　（　　）
   A. 视频录像技术
   B. 网络信息技术
   C. 声音识别技术
   D. 人脸识别技术

二、请读第二遍课文，判断对错。Listen to the text for the second time and decide whether the following statements are right (√) or wrong (×).

1. 李白的手机无法用人脸识别付款。　　　　　　（　　）
2. 睡觉的时候，人脸识别无法使用。　　　　　　（　　）
3. 人脸识别技术现在还不太安全。　　　　　　　（　　）
4. 人工智能可以帮人们做梦。　　　　　　　　　（　　）
5. 科技的发展让人们的生活更方便。　　　　　　（　　）

三、请读第三遍课文，回答问题。Listen to the text for the third time and answer the questions.

1. 人脸识别付款需要多长时间？
2. 人脸识别功能需要什么信息？
3. 人脸识别技术能帮人们做什么？

课文二　扫地机器人　🔊 13-3
Text 2　A sweeping robot

生词 Vocabulary 🔊 13-4

1	家务	jiāwù	N	housework
2	帮手	bāngshou	N	helper
3	扫地	sǎo//dì	VO	to sweep the floor
	扫	sǎo	V	to sweep
4	机器人	jīqìrén	N	robot
5	圆	yuán	Adj	round
6	自动	zìdòng	Adj & Adv	automatic; automatically
7	躺	tǎng	V	to lie (down)
8	实话	shíhuà	N	truth, honest words
9	合理	hélǐ	Adj	reasonable
10	判断	pànduàn	V	to judge, to estimate
11	墙	qiáng	N	wall
12	障碍	zhàng'ài	N	obstacle, barrier
13	软件	ruǎnjiàn	N	software
14	控制	kòngzhì	V	to control
15	视频	shìpín	N	video

第十三课　智能生活
Lesson 13　Smart living

听后练习 Exercises

一、请听第一遍课文，选择正确答案。Listen to the text for the first time and choose the correct answers.

1. 王语正在干什么？　　　　　　　　　　　（　）

   A. 扫地

   B. 休息

   C. 网购

   D. 参观

2. 遇到墙或者家具，扫地机器人会怎么做？（　）

   A. 突然停下

   B. 改变方向

   C. 发出声音

   D. 结束工作

3. 不在家的时候，可以通过什么控制扫地机器人？（　）

   A. 声音

   B. 小狗

   C. 手机软件

   D. 售后网站

二、请听第二遍课文，回答问题。Listen to the text for the second time and answer the questions.

1. 王语说的"家务小帮手"是什么？

2. 扫地机器人长什么样子？

3. 扫地机器人有什么功能？

三、请听第三遍课文，根据你对课文的理解，将下面的语段补充完整，并朗读。

Listen to the text for the third time. Fill in the blanks according to what you hear and read the following paragraph aloud.

扫地机器人可以_____识别你的房间，安排最合理的打扫路线。打扫房间的时候，它还能_____前面是否有墙或者_____等障碍，并且自动改变方向。更厉害的是，你不在家的时候，还可以通过_____上的智能_____控制机器人打扫房间。

我来说吧　Let's talk

一、在我们的生活中有哪些人工智能？这些人工智能为我们提供了哪些帮助？请你用照片或视频记录下它们，讲一讲"充满人工智能的一天"。

二、如果给你一个机会，发明一个机器人，你会发明什么样子的？充分发挥你的想象，设计一款机器人，把它的样子画下来，并给大家介绍一下它的功能和发明它的原因。

三、心动不如行动。

你知道 AR 技术吗？比如 AR 游戏、AR 购物等。看一看生活中哪里使用了 AR 技术，并跟同学们讲讲。如果你的城市有 AR 体验馆，那就和朋友们去感受一下吧！

挑战一下吧　Challenge yourself　🔊 13-5

一、选择正确答案。Choose the correct answers.

1. A. 女的的邻居　　　　　　　　　　（　　）
   B. 女的的同事
   C. 女的的父母
   D. 女的的叔叔

2. A. 这个包很重 （　）
   B. 包里有手机
   C. 这个包是空的
   D. 这个包是新的

3. A. 价格不太高 （　）
   B. 质量非常好
   C. 可以保护皮肤
   D. 预防皮肤病

4. A. 价格很贵 （　）
   B. 样子好看
   C. 非常流行
   D. 功能很多

5. A. 相机很贵 （　）
   B. 长得好看
   C. 拍照技术好
   D. 拍照软件好

6. A. 有网球场 （　）
   B. 喜欢上网
   C. 有新游戏机
   D. 喜欢打篮球

7. A. 女的没有手机 （　）
   B. 女的想买新手机
   C. 男的使用了手机密码
   D. 男的的手机有人脸识别

8. A. 普通人可能会爱上机器人　　　　　　　（　）
   B. 他想买个机器人
   C. 现在的科技发展水平不高
   D. 普通人比机器人厉害

9. A. 更省钱　　　　　　　　　　　　　　　（　）
   B. 更环保
   C. 更方便
   D. 更流行

10. A. 回家的路上　　　　　　　　　　　　　（　）
    B. 回家以后
    C. 天黑以后
    D. 睡觉以后

第十四课 共享时代
Lesson 14　The age of sharing

头脑风暴　Brainstorming

1. 你骑过共享单车吗？骑过哪一种？感觉怎么样？
2. 你还用过其他共享的物品吗？请说说你的经历。
3. 你还希望哪些东西能共享呢？

课文一　共享单车  14-1
Text 1　Shared bicycles

生词 Vocabulary　14-2

1	共享	gòngxiǎng	V	to share
2	赶快	gǎnkuài	Adv	quickly
3	二维码	èrwéimǎ	N	QR code
4	节能	jiénéng	V	to save energy, to be energy-efficient
5	迷路	mí//lù	VO	to lose one's way
6	因此	yīncǐ	Conj	therefore
7	排列	páiliè	V	to arrange, to put in order
8	整齐	zhěngqí	Adj	in good order
9	加油站	jiāyóuzhàn		gas station
10	推	tuī	V	to push
11	奖金	jiǎngjīn	N	bonus

听后练习 Exercises

一、请听第一遍课文，选择正确答案。 Listen to the text for the first time and choose the correct answers.

1. 王老师为什么十二点半才到食堂？　　　（　　）
   A. 忘了下课
   B. 不想吃饭
   C. 先休息了一会儿
   D. 回答学生问题了

2. 王老师吃完饭怎么回去？　　　（　　）
   A. 开车
   B. 走路
   C. 骑车
   D. 打车

3. 李老师觉得共享单车带来了什么麻烦？　　　（　　）
   A. 容易堵车
   B. 容易迷路
   C. 破坏环境
   D. 随便停放

二、请听第二遍课文，判断对错。 Listen to the text for the second time and decide whether the following statements are right (√) or wrong (×).

1. 王老师下午没有课。　　　（　　）
2. 王老师还没学会骑自行车。　　　（　　）
3. 王老师的学生下课时问了一些问题。　　　（　　）
4. 使用共享单车需要扫二维码。　　　（　　）
5. 共享单车既节能又环保。　　　（　　）
6. 李老师每天骑共享单车上班。　　　（　　）

三、请听第三遍课文，回答问题。Listen to the text for the third time and answer the questions.

1. 王老师为什么去食堂去得有点儿晚？

2. 用共享单车的时候，可以在手机上看什么？有什么作用？

3. 共享单车现在有什么活动？

课文二　共享衣柜　　14-3
Text 2　Shared wardrobes

生词 Vocabulary　14-4

1	风格	fēnggé	N	style
2	究竟	jiūjìng	Adv	(what) on earth, exactly
3	共享衣柜	gòngxiǎng yīguì		shared wardrobe
4	费用	fèiyong	N	fee, charge
5	押金	yājīn	N	deposit, cash pledge
6	装	zhuāng	V	to pack, to load
7	盒子	hézi	N	box
8	过来	guòlai	V	(*used after a verb to indicate the direction*) to come over
9	内	nèi	N	within
10	共享经济	gòngxiǎng jīngjì		sharing economy
	经济	jīngjì	N	economy
11	火	huǒ	Adj	popular
12	据说	jùshuō	V	it is said that…
13	会议	huìyì	N	meeting
14	不如	bùrú	V	it would be better, may as well
15	好奇	hàoqí	Adj	curious

听后练习 Exercises

一、请听第一遍课文，选择正确答案。 Listen to the text for the first time and choose the correct answers.

1. 关于张萌的穿衣风格，下面正确的是哪项？　　　　　　　　　（　　）
   A. 以前穿得很成熟
   B. 穿衣风格常常变化
   C. 现在穿得像个学生
   D. 现在的风格更适合她

2. 关于共享衣柜，下面错误的是哪项？　　　　　　　　　　　　（　　）
   A. 需要交押金
   B. 不需要交其他费用
   C. 选好的衣服会被寄过来
   D. 衣服七天内要寄回去

3. 关于共享经济，下面错误的是哪项？　　　　　　　　　　　　（　　）
   A. 能共享的东西很多
   B. 共享经济很受欢迎
   C. 共享经济非常方便
   D. 共享经济不用押金

二、请听第二遍课文，回答问题。 Listen to the text for the second time and answer the questions.

1. 怎么用共享衣柜试衣服？
2. 你觉得共享经济是什么？
3. 米雪要买下周参加会议的衣服吗？为什么？

三、请听第三遍课文，根据你对课文的理解，将下面的语段补充完整，并朗读。

Listen to the text for the third time. Fill in the blanks according to what you hear and read the following paragraph aloud.

张萌最近改变了穿衣_____，以前她穿得比较像个学生，现在穿得

第十四课 共享时代
Lesson 14　The age of sharing

更成熟了，因为她用共享衣柜找到了更适合自己的衣服。共享衣柜是一个手机软件，只要交一定的_____作为_____，就能从上面选自己喜欢的衣服了。选好的衣服被装在_____里寄_____，七天之_____再寄回去就可以了。这就是现在很_____的共享经济，大大小小的东西都能共享。如果你觉得买一件新衣服很贵，_____就在这个软件上选一件。

我来说吧　Let's talk

一、在你的国家有什么东西是共享的呢？请介绍一下。

二、如果你要开一家提供共享物品的公司，你想共享什么？请说说你的计划。

挑战一下吧　Challenge yourself　14-5

一、选择正确答案。Choose the correct answers.

1. A. 工作太多　　　　　　　　　　（　　）
   B. 不知道路
   C. 忘了时间
   D. 不想吃饭

2. A. 扫码　　　　　　　　　　　　（　　）
   B. 推车
   C. 给钱
   D. 骑车

3. A. 坏了　　　　　　　　　　　　（　　）
   B. 丢了
   C. 没开过来
   D. 快没油了

97

4. A. 这部电影很受欢迎　　　　　　　　　　（　）
   B. 这部电影很有意思
   C. 他们都有时间
   D. 电影票很便宜

5. A. 600元　　　　　　　　　　　　　　　（　）
   B. 10000元
   C. 16000元
   D. 10600元

6. A. 让男的送她上班　　　　　　　　　　　（　）
   B. 自己开车上班
   C. 和妈妈一起上班
   D. 骑共享单车上班

7. A. 容易出危险　　　　　　　　　　　　　（　）
   B. 非常受欢迎
   C. 需要交押金
   D. 价格很便宜

8. A. 现在时间还很早　　　　　　　　　　　（　）
   B. 等着和朋友聚会
   C. 书的内容没意思
   D. 想把这本书看完

9. A. 从来不迟到　　　　　　　　　　　　　（　）
   B. 车常常没油
   C. 每天来太早
   D. 应该七点到

10. A. 想买一辆车　　　　　　　　　　（　）
　　B. 提醒司机开车要小心
　　C. 希望司机不要再迟到
　　D. 打算和同事一起上班

第十五课　两代之间
Lesson 15　Between two generations

头脑风暴　Brainstorming

1. 你小时候父母对你要求严格吗？有没有有意思的故事与大家分享？
2. 你现在会常常跟父母交流吗？通常会在一起聊哪些话题？

课文一　不想让孩子输在起跑线上
Text 1　I don't want my child to fall behind at the starting line

15-1

生词 Vocabulary 15-2

1	代	dài	N	generation
2	之间	zhījiān	N	between
3	起跑线	qǐpǎoxiàn	N	starting line
4	早教课	zǎojiàokè		early education class
5	推销	tuīxiāo	V	to promote (a product, service, etc.)
6	拒绝	jùjué	V	to refuse, to turn down
7	生意	shēngyi	N	business
8	落后	luò//hòu	VC	to fall behind
9	醒	xǐng	V	to wake up, to be awake
10	欧美	Ōu-Měi	PN	Europe and America
11	基本	jīběn	Adv	basically, generally
12	国籍	guójí	N	nationality, citizenship
13	亚洲	Yàzhōu	PN	Asia
14	竞争	jìngzhēng	V	to compete
15	辅导班	fǔdǎobān		tutorial class
16	尊重	zūnzhòng	V	to respect

第十五课　两代之间
Lesson 15　Between two generations

听后练习 Exercises

一、请听第一遍课文，选择正确答案。Listen to the text for the first time and choose the correct answers.

1. 王语和李思齐在聊什么话题？　　　　　　　　　　（　　）
   A. 怎样尊重孩子
   B. 应该多花时间陪孩子
   C. 怎么提高孩子成绩
   D. 要不要让孩子上早教课

2. 王语接的电话是谁打来的？　　　　　　　　　　　（　　）
   A. 同事
   B. 丈夫
   C. 朋友
   D. 早教班

3. 李思齐认为对孩子来说最好的教育方式是什么？　　（　　）
   A. 带孩子接触自然、做游戏
   B. 让孩子上早教课
   C. 让孩子多上辅导班
   D. 早点儿让孩子在教室里接受教育

二、请听第二遍课文，判断对错。Listen to the text for the second time and decide whether the following statements are right (√) or wrong (×).

1. 王语已经给孩子报名上早教课了。　　　　　　　　（　　）
2. 早教的生意不太好做。　　　　　　　　　　　　　（　　）
3. 很多来自欧美国家的学生小时候基本都上过早教课。（　　）
4. 亚洲国家的孩子一般竞争压力大。　　　　　　　　（　　）

三、请听第三遍课文，回答问题。Listen to the text for the third time and answer the questions.

1. 王语为什么总接到早教班的电话？她想给孩子报名上早教课吗？
2. 中国的家长对孩子的教育普遍有什么想法？
3. 王语认为欧美国家的孩子和亚洲国家的孩子在成长过程中有什么区别？
4. 李思齐认为最好的教育方式是什么？

课文二　父母的唠叨

Text 2　Parental nagging

生词 Vocabulary

1	占线	zhàn//xiàn	VO	the line is busy
2	通	tōng	V	to get through, to connect
3	乖乖女	guāiguāinǚ		obedient girl
4	唠叨	láodao	V	to nag
5	翻来覆去	fānlái-fùqù		over and over again
6	装	zhuāng	V	to install
7	刷	shuā	V	to swipe (a card), to scan (one's face)
8	黑暗料理	hēi'àn liàolǐ		crappy food
9	招聘会	zhāopìnhuì		job fair
	招聘	zhāopìn	V	to recruit
10	收入	shōurù	N	income
11	涨	zhǎng	V	to increase, to rise
12	工资	gōngzī	N	salary
13	演员	yǎnyuán	N	actor / actress
14	催	cuī	V	to urge (sb. to do sth.)
15	总之	zǒngzhī	Conj	in a word
16	点点滴滴	diǎndiǎndīdī		bits and pieces, every little thing

第十五课　两代之间
Lesson 15　Between two generations

听后练习 Exercises

一、请听第一遍课文，选择正确答案。Listen to the text for the first time and choose the correct answers.

1. 张萌的电话为什么一直占线？　　　　　　　　（　　）
   A. 她的电话坏了
   B. 她在跟老师打电话
   C. 她在跟妈妈打电话
   D. 她在跟男朋友打电话

2. 马小军为什么跟父母通电话不会超过五分钟？（　　）
   A. 他平时太忙了
   B. 他平时常回家
   C. 他觉得父母太唠叨
   D. 他经常跟父母通电话

3. 张萌建议马小军跟父母聊点儿什么？　　　　（　　）
   A. 自己的学习
   B. 自己的朋友
   C. 自己的健康
   D. 生活中的新鲜事

二、请听第二遍课文，回答问题。Listen to the text for the second time and answer the questions.

1. 马小军为什么觉得跟父母没什么可聊的？
2. 张萌建议马小军跟父母聊点儿什么？
3. 马小军觉得哪个话题最好不要跟父母聊？为什么？

三、请听第三遍课文，根据你对课文的理解，将下面的语段补充完整，并朗读。

Listen to the text for the third time. Fill in the blanks according to what you hear and read the following paragraph aloud.

可以跟父母多聊聊生活中的_____。比如，学校_____门口装了

_____的机器；再比如，食堂_____了黑暗料理——香蕉咖喱饭，校园_____上有人找到了_____很高的工作。_____，多跟父母分享生活中的_____，多听听他们的唠叨，也是一件很幸福的事。

我来说吧　Let's talk

一、在你的国家，父母有"不让孩子输在起跑线上"这种想法吗？你的父母是怎么教育你的？

二、你觉得你和父母之间相互了解吗？为什么？

三、心动不如行动。

请跟父母通个电话，说说你在留学生活中遇到的有趣的事情，并介绍一下校园里的新鲜事。

挑战一下吧　Challenge yourself　　15-5

一、选择正确答案。Choose the correct answers.

1. A. 他记错报名时间了　　　　　　　　　（　　）
   B. 他记错报名地点了
   C. 他觉得早教课太贵了
   D. 他觉得孩子小时候应该好好儿玩儿

2. A. 女的有一个女儿　　　　　　　　　　（　　）
   B. 女的的女儿在上大学
   C. 女的的女儿很优秀
   D. 女的的女儿在北京

第十五课　两代之间
Lesson 15　Between two generations

3. A. 他们的女儿高中毕业了　　　（　）
   B. 他们的女儿压力非常大
   C. 男的不让女儿上辅导班
   D. 女的要带女儿去旅游

4. A. 女的已经毕业了　　　（　）
   B. 女的找到工作了
   C. 女的正在找工作
   D. 女的是男的的妻子

5. A. 大学里上的课　　　（　）
   B. 生活中的新鲜事
   C. 将来的工作计划
   D. 自己的学习目标

6. A. 她忘记给孩子报名了　　　（　）
   B. 她不想让孩子有压力
   C. 她觉得每天送孩子太累
   D. 国家规定不准开辅导班

7. A. 不爱跟父母聊天儿　　　（　）
   B. 跟父母无话可说
   C. 会常跟父母聊同学
   D. 希望父母理解自己

8. A. 让女儿听父母的　　　（　）
   B. 把女儿当作孩子
   C. 保护女儿一辈子
   D. 尊重女儿的想法

105

9. A. 要理解父母 （　）
　　B. 少听父母的唠叨
　　C. 多站在父母的角度考虑问题
　　D. 多与父母分享生活的点点滴滴

10. A. 让孩子理解自己 （　）
　　B. 多夸奖少批评
　　C. 多批评少夸奖
　　D. 多站在自己的角度考虑问题

第十六课　就业问题
Lesson 16　Employment

头脑风暴　Brainstorming

1. 你打算以后要找什么工作？为什么？
2. 为了找工作，你觉得需要做哪些准备？
3. 你参加过面试吗？请说说面试的情况。

课文一　干什么都不容易　🔊 16-1
Text 1　Nothing is easy

生词 Vocabulary　🔊 16-2

1	应聘	yìngpìn	V	to apply for a job
2	能够	nénggòu	V	can, to be able to
3	加班	jiā//bān	VO	to work overtime
4	抬	tái	V	to lift
5	一早	yìzǎo	N	early in the morning
6	伤心	shāng//xīn	Adj	sad
7	年代	niándài	N	age, era
8	硕士	shuòshì	N	master's degree, Master
9	律师	lǜshī	N	lawyer
10	骄傲	jiāo'ào	Adj	proud
11	研究生	yánjiūshēng	N	graduate student
12	抱	bào	V	to harbor, to have (sth.) in mind
13	减轻	jiǎnqīng	V	to relieve, to alleviate
14	就业	jiù//yè	VO	to get a job
15	激烈	jīliè	Adj	fierce, intense
16	面对	miànduì	V	to face, to confront

听后练习 Exercises

一、请听第一遍课文，选择正确答案。Listen to the text for the first time and choose the correct answers.

1. 马小军为什么最近没给家里打电话？　　　（　）
   A. 和爸妈关系不好
   B. 要参加学校活动
   C. 在准备考研究生
   D. 在忙着找工作

2. 马小军的妈妈是怎么找到工作的？　　　（　）
   A. 发邮件
   B. 写应聘材料
   C. 学校安排
   D. 参加各种面试

3. 马小军为什么想考法律专业的硕士？　　　（　）
   A. 他一直想当律师
   B. 为了让母亲骄傲
   C. 律师是他理想的职业
   D. 为了减轻就业压力

二、请听第二遍课文，判断对错。Listen to the text for the second time and decide whether the following statements are right (√) or wrong (×).

1. 马小军的妈妈很关心他。　　　（　）
2. 马小军马上就要毕业了。　　　（　）
3. 工资、奖金低的公司，马小军不想去。　　　（　）
4. 马小军的妈妈觉得找工作时应该只考虑收入。　　　（　）
5. 马小军的妈妈工作很辛苦，常常加班、出差。　　　（　）
6. 马小军明白了干什么都不容易。　　　（　）

三、请听第三遍课文，回答问题。Listen to the text for the third time and answer the questions.

1. 马小军为了找工作，做了什么？

2. 马小军的妈妈是怎么得到工作的？

3. 对于马小军想读法律专业的硕士的想法，他妈妈的态度是什么？

课文二　马小军面试　　16-3
Text 2　Ma Xiaojun's interview

生词 Vocabulary　16-4

1	报社	bàoshè	N	newspaper office
2	面试官	miànshìguān		interviewer
	面试	miànshì	V	to interview (for a job, ect.)
3	实习	shíxí	V	to serve as an intern
4	使	shǐ	V	to make, to cause
5	更加	gèngjiā	Adv	more, even more
6	热爱	rè'ài	V	to love ardently
7	个人	gèrén	N	individual (person)
8	读者	dúzhě	N	reader
9	行业	hángyè	N	trade, industry
10	富	fù	Adj	rich
11	价值	jiàzhí	N	value

> 听后练习 Exercises

一、请听第一遍课文，选择正确答案。Listen to the text for the first time and choose the correct answers.

  1. 关于马小军，下面错误的是哪项？　　　　　　　　　（　　）

    A. 他在山东大学学习

    B. 他是文学院的学生

    C. 他的职业理想是当记者

    D. 他还没有当记者的经验

  2. 关于一名合格的记者，下面正确的是哪项？　　　　（　　）

    A. 应该能够很快写出新闻

    B. 应该给读者准确的信息

    C. 应该白天晚上都去采访

    D. 应该不在乎收入是多少

  3. 关于马小军的面试，下面错误的是哪项？　　　　　（　　）

    A. 他介绍了自己的个人情况

    B. 他说明了自己的三个特点

    C. 他介绍了自己的实习经历

    D. 他马上知道了面试的结果

二、请听第二遍课文，回答问题。Listen to the text for the second time and answer the questions.

  1. 马小军是怎么介绍自己的个人情况的？请说说他的专业、实习经历等。

  2. 马小军觉得一名合格的记者是什么样子的？

  3. 面试官担心什么？他问了什么问题？马小军怎么回答的？

三、请听第三遍课文，根据你对课文的理解，将下面的语段补充完整，并朗读。

    Listen to the text for the third time. Fill in the blanks according to what you hear and read the following paragraph aloud.

    今天我参加了＿＿＿＿的＿＿＿＿。我先介绍了我的＿＿＿＿情况，比如我是山东大学文学院的学生。_____问了我选择到他们那里工作的原因，我就介绍了自己大学二年级在那里_____的情况。在关于怎么成为一名合格的记者的问题上，我觉得认真、努力和_____是最重要的。我觉得记者是一份特别有_____的工作，也是我特别_____的职业，我希望自己能得到这个工作机会。

我来说吧　Let's talk

一、在你的国家，如果你要参加面试，需要注意什么？

二、请同学们分别扮演面试官和应聘者，举办一场模拟招聘会。

挑战一下吧　Challenge yourself　16-5

一、选择正确答案。Choose the correct answers.

1. A. 要写作业　　　　　　　　　　　　（　　）
   B. 要找工作
   C. 不想参加
   D. 想看电影

2. A. 付车钱　　　　　　　　　　　　　（　　）
   B. 打电话
   C. 抬行李
   D. 推盒子

3. A. 她妈妈不喜欢猫　　　　　　　　　（　　）
   B. 她妈妈很爱干净
   C. 她妈妈看到猫会难受
   D. 她妈妈看到猫会害怕

4. A. 他觉得比赛没意思　　　　　　　　　　（　）
   B. 他觉得很紧张
   C. 他不知道哪个人会赢
   D. 他觉得自己是第一名

5. A. 老师　　　　　　　　　　　　　　　　（　）
   B. 记者
   C. 研究生
   D. 服务员

6. A. 去面试　　　　　　　　　　　　　　　（　）
   B. 写作业
   C. 见朋友
   D. 买东西

7. A. 工资多少　　　　　　　　　　　　　　（　）
   B. 工作地点
   C. 以后的发展
   D. 个人兴趣

8. A. 每个周末　　　　　　　　　　　　　　（　）
   B. 每个星期天
   C. 每天五点以后
   D. 几乎没有时间休息

9. A. 认真　　　　　　　　　　　　　　　　（　）
   B. 坚持
   C. 诚实
   D. 努力

10. A. 努力得到特别的消息　　　　　　　（　　）

　　B. 问每一个人问题

　　C. 把别人说的话都记住

　　D. 准备有趣的问题

录音文本及参考答案
Recording Script and Answer Key

第一课　交通出行
Lesson 1　Transportation

课文一　航班不能按时起飞　🔊 01-1

(Mǐ Xuě de zhàngfu zài jīchǎng.)
（米雪的 丈夫 在 机场。）

jīchǎng gōngzuò rényuán A: Nín hǎo, Shǒudū Jīchǎng huānyíng nín. Qǐngwèn yǒu shénme kěyǐ bāng nín de?
机场　工作　人员 A：您好，首都 机场 欢迎 您。请问 有 什么 可以 帮 您 的？

Mǐ Xuě de zhàngfu: Nín hǎo, wǒ yào huàn dēngjīpái.
米雪的 丈夫：您好，我要 换 登机牌。

jīchǎng gōngzuò rényuán A: Qǐng gěi wǒ nín de hùzhào.
机场　工作　人员 A：请 给 我 您的 护照。

Mǐ Xuě de zhàngfu: Hǎo de, gěi nín.
米雪的 丈夫：好的，给您。

jīchǎng gōngzuò rényuán A: Bàoqiàn, xiānsheng, nín dìng de shì jīngjìcāng, zhèr zhǐ néng bànlǐ tóuděngcāng de dēngjīpái.
机场　工作　人员 A：抱歉，先生，您 订 的 是 经济舱，这儿 只 能 办理 头等舱 的 登机牌。

115

米雪的丈夫： 那我该去哪儿呢？

机场工作人员A： 往前走，30到40号窗口都可以换经济舱的登机牌。您别着急，时间来得及。

米雪的丈夫： 谢谢。

（米雪的丈夫走到30号窗口。）

米雪的丈夫： 您好，这儿可以换经济舱的登机牌吗？

机场工作人员B： 可以，请给我您的护照。请问行李需要托运吗？

米雪的丈夫： 需要，我要托运这个箱子。

机场工作人员B： 先生，您的行李超过规定重量了。经济舱的乘客只能免费托运20公斤行李，您超重两公斤，需要另外付费。

Mǐ Xuě de zhàngfu:	Hǎo ba, gěi nín qián.
米雪的丈夫：	好吧，给您钱。

jīchǎng gōngzuò rényuán B:	Zhè shì nín de dēngjīpái, qǐng náhǎo. Fēijī liù diǎn sānshí fēn qǐfēi, bā diǎn sìshíwǔ fēn jiàngluò.
机场工作人员B：	这是您的登机牌，请拿好。飞机六点三十分起飞，八点四十五分降落。

Mǐ Xuě de zhàngfu:	Xièxie!
米雪的丈夫：	谢谢！

jīchǎng guǎngbō:	Qiánwǎng Yìwū de chéngkè qǐng zhùyì, wǒmen bàoqiàn de tōngzhī nín, yóuyú tiānqì yuányīn, nín chéngzuò de CA1879 cì hángbān bù néng ànshí qǐfēi, qǐfēi shíjiān tuīchí dào shí diǎn sānshí fēn, qǐng nín zài hòujītīng xiūxi, dēngjī shí wǒmen jiāng guǎngbō tōngzhī, xièxie!
机场广播：	前往义乌的乘客请注意，我们抱歉地通知您，由于天气原因，您乘坐的CA1879次航班不能按时起飞，起飞时间推迟到十点三十分，请您在候机厅休息，登机时我们将广播通知，谢谢！

Mǐ Xuě de zhàngfu:	Tiān a! Tài dǎoméi le!
米雪的丈夫：	天啊！太倒霉了！

听后练习 Exercises

一、请听第一遍课文，选择正确答案。

1. C   2. A   3. B

二、请听第二遍课文，判断对错。

1. ×   2. √   3. √   4. √   5. ×

三、请听第三遍课文，回答问题。

1. 超过规定重量了。
2. 22公斤。
3. 由于天气原因，他乘坐的航班不能按时起飞了。他应该在候机厅休息，等待广播通知。

课文二　看来你只好改签了　🔊 01-3

(Lǐ Bái hé Zhāng Méng zài liáotiānr.)
（李白和张萌在聊天儿。）

Zhāng Méng: Lǐ Bái, nǐ tīngshuō le ma?
张　萌：李白，你听说了吗？

Lǐ Bái: Shénme shì?
李　白：什么事？

Zhāng Méng: Zhège zhōumò yǒu ge zhòngyào de huódòng, suǒyǒu liúxuéshēng bìxū cānjiā. Wǒ gūjì, nǐ de Wǔhàn zhī xíng yào tuīchí huòzhě qǔxiāo le.
张　萌：这个周末有个重要的活动，所有留学生必须参加。我估计，你的武汉之行要推迟或者取消了。

Lǐ Bái: Zhēn de ma? Kěshì wǒ lián qù Wǔhàn de jīpiào dōu mǎihǎo le.
李　白：真的吗？可是我连去武汉的机票都买好了。

Zhāng Méng: Kànlái nǐ zhǐhǎo gǎi qiān le.
张　萌：看来你只好改签了。

Lǐ Bái: Wǒ mǎi de shì dǎzhé jīpiào, kěyǐ gǎi qiān ma?
李　白：我买的是打折机票，可以改签吗？

Zhāng Méng: Nǐ xiān dǎkāi hángkōng gōngsī de wǎngzhàn, kànkan néng bu néng gǎi qiān.
张　萌：你先打开航空公司的网站，看看能不能改签。

李白：哎呀，你看，不能改签。看来我只能退票了。退票费一定很贵吧？

张萌：每个航空公司的规定都不一样，所以退票费也不同。

李白：我看看……根据这个航空公司的规定，我要付百分之二十的退票费。

张萌：唉，付就付吧，至少钱没有全部浪费。

李白：是啊，不过还是有点儿可惜。我一直想去看看武汉长江大桥。

张萌：没关系，中国好玩儿的地方还有很多呢。等期末考试结束了，你可以去爬长城。

李白：你说得有道理。

听后练习 Exercises

一、请听第一遍课文，选择正确答案。

1. C   2. A   3. B

二、请听第二遍课文，回答问题。

1. 航空公司的网站。
2. 机票价格的20%。
3. 武汉长江大桥。
4. 爬长城。

三、请听第三遍课文，根据你对课文的理解，将下面的语段补充完整，并朗读。

1. 航空　2. 改签　3. 规定　4. 可惜　5. 期末考试

挑战一下吧　Challenge yourself　01-5

一、选择正确答案。

1. 男：王经理，您的飞机几点到？我开车去接您。
   女：十二点半到。不用接我了，我直接打车回去。
   问：女的打算怎么回去？　　　　　　　　　　（B）

2. 女：师傅，我的飞机八点起飞，还有一个半小时，来得及吗？
   男：从这儿到机场只需要二十分钟，放心吧。
   问：男的是什么意思？　　　　　　　　　　　（A）

3. 男：听说下周有个重要的会议，可是我已经买好机票准备去旅行了。
   女：看来你只能改签或者退票了。
   问：关于男的，我们可以知道什么？　　　　　（B）

4. 女：您好，这里是中国航空公司，请问有什么可以帮您的？
   男：你好，我想退票，请问手续费多少钱？
   问：男的想干什么？　　　　　　　　　　　　（A）

5. 男：不好意思，您的这件行李需要托运。
   女：我该去哪儿办理托运手续呢？飞机快起飞了，我担心来不及。
   问：根据对话，下面正确的是哪项？　　　　　（D）

6. 男：这是出站口，您要坐火车的话，需要去进站口。
   女：不好意思，我走错了。请问进站口怎么走？
   男：往东走，进站口就在那儿。
   女：谢谢！
   问：女的怎么了？　　　　　　　　　　　　　　（C）

7. 女：师傅，去机场。麻烦您越快越好。
   男：好的，您的飞机几点起飞？
   女：四点，来得及吗？
   男：没问题，三点前就能把您送到。
   问：女的要去哪儿？　　　　　　　　　　　　　（B）

8. 男：你好，请问头等舱还有座位吗？我想换到头等舱。
   女：先生，头等舱还有座位，您需要补交一些钱。
   男：好的，没问题。
   女：请您跟我这边走。
   问：男的想干什么？　　　　　　　　　　　　　（A）

9. 女：不好意思，您的行李超过规定重量了，需要交100元。
   男：那我把东西拿出来一些。这个重量可以了吗？
   女：可以了，这是您的登机牌。祝您旅途愉快！
   男：谢谢。
   问：男的可能在干什么？　　　　　　　　　　　（D）

10. 男：老张中午给我打了一个电话。
    女：他有什么事吗？
    男：他要来济南开会，明天下午的飞机。
    女：好，我和你一起去机场接他，顺便请他吃个饭。
    问：老张来济南干什么？　　　　　　　　　　　（C）

第二课　人与环境

Lesson 2　Humans and the environment

课文一　明天冷空气要来了　🔊 02-1

(Mǎ Xiǎojūn hé Mǐ Xuě zài liáotiānr.)
(马小军和米雪在聊天儿。)

Mǐ Xuě: Xiǎojūn, nǐ kàn zhè liǎng tiān tiān dōu yīnyīn de. Tiānqì yùbào shuō, míngtiān lěng kōngqì yào lái le, qìwēn huì jiàngdī 10 dù. Zhōngyú yào lěng qilai le, tài hǎo le!

米　雪：小军，你看这两天天都阴阴的。天气预报说，明天冷空气要来了，气温会降低10度。终于要冷起来了，太好了！

Mǎ Xiǎojūn: Nǐ shì nánfēirén a, zěnme xǐhuan lěng ne?
马　小军：你是南非人啊，怎么喜欢冷呢？

Mǐ Xuě: Wǒ zài Nánfēi chūshēng, zhǎngdà, 25 suì zhīqián cónglái méiyǒu guòguo dōngtiān, hěn xiǎng tǐyàn yíxià, suǒyǐ zài jìhuà liúxué shí, jiù shēnqǐngle Zhōngguó běifāng de xuéxiào.

米　雪：我在南非出生，长大，25岁之前从来没有过过冬天，很想体验一下，所以在计划留学时，就申请了中国北方的学校。

Mǎ Xiǎojūn: Zhèli de dōngtiān zuì lěng shí yǒu líng xià shíjǐ dù ne, nǐ shòu de liǎo ma?
马　小军：这里的冬天最冷时有零下十几度呢，你受得了吗？

米雪：开始确实不适应。我还记得当时一场秋雨下完，突然就冷了，接着冬天就来了。我还没来得及准备厚衣服呢！

马小军：那年下雪了吗？你还有印象吗？

米雪：下了，而且是一场大雪。我印象太深了，那是我第一次见到雪。早上我打开窗户一看，太让人吃惊了，整个世界都成了白色的，太漂亮了！

马小军：拍照了没有？

米雪：那还用说？我和朋友们都玩儿得很开心！我还把那年的雪写进日记里了呢！

马小军：听起来真的是特别美好的回忆！

米雪：是啊，真希望今年也能下一场大雪。

听后练习 Exercises

一、请听第一遍课文，选择正确答案。

1. D 2. B 3. C

二、请听第二遍课文，判断对错。

1. × 2. √ 3. √ 4. × 5. √ 6. ×

三、请听第三遍课文，根据你对课文的理解，将下面的语段补充完整，并朗读。

1. 出生 2. 申请 3. 准备 4. 吃惊 5. 日记

课文二 空气污染是个全球性问题 02-3

(Lǐ Bái hé Mǎ Xiǎojūn zài liáotiānr.)
(李白和马小军在聊天儿。)

Lǐ Bái: Mǎ Xiǎojūn, wǒ zhīdào zhōngguórén zài Chūnjié yào fàng biānpào, zěnme
李白：马小军，我知道中国人在春节要放鞭炮，怎么

jīnnián wǒ méi tīngdào biānpào de shēngyīn?
今年我没听到鞭炮的声音？

Mǎ Xiǎojūn: Shì a, jīnnián hǎoduō chéngshì dōu bù yǔnxǔ fàng biānpào le, zhǔyào shì
马小军：是啊，今年好多城市都不允许放鞭炮了，主要是

wèile bǎohù huánjìng.
为了保护环境。

Lǐ Bái: Quèshí yǒu zuòyòng! Jīnnián dōngtiān de tiān bǐ qùnián lánduō le.
李白：确实有作用！今年冬天的天比去年蓝多了。

Mǎ Xiǎojūn: Bālí de kōngqì zěnmeyàng?
马小军：巴黎的空气怎么样？

李白：空气污染是个全球性问题。在过去的几年里，巴黎政府做了很多工作，重点是减少污染。比如减少汽车数量，禁止随便倒垃圾，鼓励人们乘坐公共交通工具。

马小军：对了，我看到过一个新闻，说巴黎市政府正在建一条长45公里的自行车公路，要把巴黎变成一个"世界自行车之城"。

李白：是的，这个计划受到人们的欢迎。想一想，一边骑车一边欣赏风景，一定舒服极了！

马小军：有机会我也要去体验一下！

李白：好啊！不过，现在我们可以先骑共享单车去转一转。

马小军：走吧！

听后练习 Exercises

一、请听第一遍课文，选择正确答案。

1. A 2. B 3. D

二、请听第二遍课文，回答问题。

1. 不可以。为了保护环境。

2. 空气质量也不太好。减少汽车数量，禁止随便倒垃圾，鼓励人们乘坐公共交通工具。

3. 巴黎正在建一条长45公里的自行车公路。李白觉得一边骑车一边欣赏风景一定舒服极了。

三、请听第三遍课文，根据你对课文的理解，将下面的语段补充完整，并朗读。

1. 鞭炮 2. 允许 3. 蓝 4. 重点 5. 禁止 6. 公共 7. 自行车

挑战一下吧 Challenge yourself 02-5

一、选择正确答案。

1. 男：刚看了天气预报，说明天40度。
   女：我也看到了，明天不能出门了，不然会被热坏的，还是在房间里开着空调凉快。
   问：女的是什么意思？ （C）

2. 男：春天来了，真好！天气终于不冷了，树也绿了，人们不用穿得那么厚了。
   女：是啊，不冷不热的。可是我不喜欢刮风，咱们这儿的风尤其大，让人眼睛不舒服。
   问：女的是什么意思？ （C）

录音文本及参考答案

3. 女：这儿的冬天冷得好快，我还没来得及买厚衣服呢！
   男：现在冷吗？我觉得还不是特别冷，等下个月温度会降低到零下十几度。
   问：男的是什么意思？　　　　　　　　　　　（C）

4. 女：现在春节不允许放鞭炮，过节一点儿感觉也没有了。
   男：话是这么说，不过鞭炮对环境的污染挺大的。禁止放鞭炮以后，空气质量确实比以前好多了。
   问：下面正确的是哪项？　　　　　　　　　　（B）

5. 男：我现在出门越来越不喜欢开车了，一是到处堵车，二是停车也难。
   女：我感觉也是这样，所以我一直都是骑车出门，去远的地方就坐地铁，很方便。使用公共交通工具，还能减少污染，保护环境。
   问：女的是什么意思？　　　　　　　　　　　（C）

6. 女：来中国留学以后，我越来越喜欢冷的天气了。
   男：为什么？
   女：因为从出生到长大，我从来没有体验过冬天。来中国以后，我才第一次看到雪，特别漂亮，让我特别吃惊。
   男：看来你真的很喜欢冬天。
   问：关于女的，我们可以知道什么？　　　　　（C）

7. 男：我记得你是山东人，来南方生活会有不习惯的地方吧？
   女：还好。饭菜方面我还挺适应的，因为我喜欢清淡的菜，南方菜挺适合我的。天气方面，也还好。就是……
   男：你不说，我也能猜出来，是不是冬天太冷？
   女：你还真了解北方人在南方的感觉！其实，南方的冬天不算特别冷，关键是房间里的温度跟外面差不多，这是我最不习惯的。
   问：下面正确的是哪项？　　　　　　　　　　（C）

8. 女：天气预报说下午会有大雨。

   男：天气预报准吗？你看现在太阳这么大，一点儿要下雨的意思也没有。

   女：夏天的天气就像小孩子的脸，说变就变，还是带上雨伞的好。

   男：那就听你的吧。

   问：下面正确的是哪项？　　　　　　　　　　　　（ C ）

9. 男：小丽，我到北京了，刚下火车。我在出站口等你。

   女：好的，不过你恐怕得多等一会儿了。外面雨下得很大，又赶上下班时间，路上堵得很。

   男：没事儿，你慢慢儿来。我来得不是时候，给你添这么多麻烦。

   女：你说到哪里去了。是我不该开车的，要是坐地铁，现在早就到了。

   问：下面正确的是哪项？　　　　　　　　　　　　（ C ）

10. 女：你怎么每天都拿着伞？

    男：万一下雨了，我可以打伞。

    女：可是天气预报说最近不下雨啊。

    男：我担心天气预报不准。

    问：下面正确的是哪项？　　　　　　　　　　　　（ D ）

第三课　生活常识

Lesson 3　Life hacks

课文一　今年的第一场雪　🔊 03-1

（Zhāng Méng de tóngxué láizì nánfāng, jīntiān tā dì-yī cì jiàndàole xuě.）
（张　萌　的　同学　来自　南方，今天　她　第一　次　见到了　雪。）

tóngxué：Zhāng Méng, nǐ kuài kàn, wàimiàn xià xuě le!
同学：　　张　萌，你　快　看，外面　下　雪　了！

Zhāng Méng：Ā, zhēn de, zhè shì jīnnián de dì-yī cháng xuě ba?
张　萌：　啊，真　的，这　是　今年　的　第一　场　雪　吧？

tóngxué：Nǐ zěnme zhème lěngjìng! Xuě! Xià xuě le! Zánmen kuài chūqu kànkan.
同学：　你　怎么　这么　冷静！雪！下　雪　了！咱们　快　出去　看看。

Zhāng Méng：Xiān huàn xié, nǐ zhè shuāng xié bù héshì.
张　萌：　先　换　鞋，你　这　双　鞋　不　合适。

tóngxué：Zěnme bù héshì? Zhè shì xuědìxuē, jiù shì wèi zhè yì tiān zhǔnbèi de.
同学：　怎么　不　合适？这　是　雪地靴，就　是　为　这　一　天　准备　的。

Zhāng Méng：Nǐ kàn, zhè liǎng tiān tiānqì bǐjiào nuǎnhuo, xuě luò xiàlai hěn kuài jiù
张　萌：　你　看，这　两　天　天气　比较　暖和，雪　落　下来　很　快　就

　　　　　rónghuà le, lù shang yòu shī yòu huá. Xuědìxuē bù fáng shuǐ, rúguǒ
　　　　　融化　了，路　上　又　湿　又　滑。雪地靴　不　防　水，如果

　　　　　nòngshīle xié hé wàzi, zǒuqǐ lù lai jì bù shūfu yòu bù ānquán.
　　　　　弄湿了　鞋　和　袜子，走起　路　来　既　不　舒服　又　不　安全。

tóngxué：Shì ma? Wǒ hái mǎile hěn duō hòu yīfu, dǎsuàn xià xuě de shíhou
同学：　是　吗？我　还　买了　很　多　厚　衣服，打算　下　雪　的　时候

chuān ne.
穿 呢。

Zhāng Méng: Kěyǐ a, súhuà shuō, "xià xuě bù lěng huà xuě lěng", yě jiù shì shuō,
张 萌： 可以啊，俗话 说，"下雪 不冷 化雪 冷"，也 就是 说，

xuě rónghuà de shíhou qìwēn zuì dī. Gēnjù wǒ de jīngyàn, guò liǎng tiān
雪 融化 的 时候 气温 最低。根据 我 的 经验，过 两 天

qìwēn yídìng hái huì jiàng de.
气温 一定 还 会 降 的。

tóngxué: Shì zhèyàng a. Zhèli de dōngtiān chángcháng xià xuě ma?
同学： 是 这样 啊。这里 的 冬天 常常 下 雪 吗？

Zhāng Méng: Zhèr qìhòu shīrùn, měi nián dōu huì xià liǎng-sān cháng xuě.
张 萌： 这儿 气候 湿润，每 年 都 会 下 两三 场 雪。

tóngxué: Nà tài hǎo le! Wǒ néng wánr ge gòu la!
同学： 那 太 好 了！我 能 玩儿 个 够 啦！

Zhāng Méng: Dāngrán. Zánmen zǒu ba, dàishang xiàngjī, wǒ gěi nǐ duō pāi xiē piàoliang
张 萌： 当然。 咱们 走 吧，带上 相机，我 给 你 多 拍 些 漂亮

de zhàopiàn.
的 照片。

听后练习 Exercises

一、请听第一遍课文，选择正确答案。

  1. D   2. B   3. D

二、请听第二遍课文，判断对错。

  1. ×   2. √   3. ×   4. √   5. √   6. ×

三、请听第三遍课文，根据你对课文的理解，将下面的语段补充完整，并朗读。

  1. 雪地靴   2. 一   3. 湿润   4. 融化   5. 防水   6. 袜子   7. 舒服

课文二　我的车门打不开了  03-3

(Xuě hòu dì-èr tiān zǎoshang, Lǐ Sīqí zhǔnbèi kāichē qù xuéxiào, kěshì chē chūxiànle wèntí, tā gěi shòuhòu fúwù dǎ diànhuà.)
（雪后第二天早上，李思齐准备开车去学校，可是车出现了问题，他给售后服务打电话。）

jiēxiànyuán: Wèi, nín hǎo! Qǐngwèn yǒu shénme kěyǐ bāng nín de?
接线员： 喂，您好！请问有什么可以帮您的？

Lǐ Sīqí: Nǐ hǎo, wǒ de chēmén dǎ bu kāi le, qǐngwèn zěnme jiějué?
李思齐： 你好，我的车门打不开了，请问怎么解决？

jiēxiànyuán: Duìbuqǐ, xiānsheng, nín néng bǎ qíngkuàng xiángxì shuōmíng yíxià ma?
接线员： 对不起，先生，您能把情况详细说明一下吗？

Lǐ Sīqí: Wǒ zuótiān wǎnshang chūchāi huílai, wèile fāngbiàn jiù bǎ chē tíng zài wàimiàn le. Jīntiān zǎoshang wǒ zhǔnbèi kāichē qù shàngbān, fāxiàn chēmén zěnme dōu dǎ bu kāi le.
李思齐： 我昨天晚上出差回来，为了方便就把车停在外面了。今天早上我准备开车去上班，发现车门怎么都打不开了。

jiēxiànyuán: Hǎo de, xiānsheng, gēnjù nín shuō de qíngkuàng, wǒ xiǎng kěnéng shì yóuyú wǎnshang qìwēn guò dī, rónghuà de xuěshuǐ zài chēmén shang jiéle bīng, suǒyǐ chēmén dǎ bu kāi le.
接线员： 好的，先生，根据您说的情况，我想可能是由于晚上气温过低，融化的雪水在车门上结了冰，所以车门打不开了。

Lǐ Sīqí: Zěnme jiějué ne? Wǎng chēmén shang jiāo rè shuǐ xíng ma?
李思齐： 怎么解决呢？往车门上浇热水行吗？

接线员： 您千万别这么做。这样可能会弄破车窗玻璃，甚至发生危险。请您找一条热毛巾，把它放在车门的把手上或者车门周围，然后轻轻敲一敲车门。如果顺利，不超过十分钟就能打开了。

李思齐： 好吧，那我先用这个办法试一试。如果还是打不开呢？

接线员： 那请您再打一下这个电话，我们会尽快派维修人员去帮助您。

李思齐： 好的，谢谢。

接线员： 不客气。

听后练习 Exercises

一、请听第一遍课文，选择正确答案。

1. A 2. B 3. C

二、请听第二遍课文，回答问题。

1. 停在外面了。为了方便。

2. 车门打不开了。应该找一条热毛巾，把它放在车门的把手上或者车门周围，然后轻轻敲一敲车门。

3. 比较满意。他打算先用这个办法试一试。

三、请听第三遍课文，根据你对课文的理解，将下面的语段补充完整，并朗读。

1. 出差　2. 怎么　3. 气温　4. 冰　5. 浇　6. 弄破　7. 毛巾　8. 把手
9. 敲一敲　10. 超过

挑战一下吧　Challenge yourself　　03-5

一、选择正确答案。

1. 女：天气预报说明天天气怎么样？
   男：明天晚上有雪，但是气温不会马上降低。
   问：明天天气怎么样？　　　　　　　　（C）

2. 男：听说昨天你的车坏了？
   女：是啊，开车的时候突然车门打开了。不过我很冷静，马上把车停在了路边，才没发生危险。
   问：女的昨天怎么了？　　　　　　　　（B）

3. 女：妈妈给你打电话，你怎么没接啊？
   男：我当时刚回家，正在门口脱鞋和袜子呢，没来得及接电话。
   问：男的为什么没接电话？　　　　　　（D）

4. 男：晚上有场不错的电影，一起去看吧？
   女：我明天要出差，早上六点的飞机。你和别人去吧。
   问：女的为什么不去看电影？　　　　　（B）

5. 女：爸爸，我晚上和同学有聚会，会晚一点儿回来。
   男：好的，知道了，不要去危险的地方，最晚不要超过十一点半回家。
   问：男的是什么意思？　　　　　　　　（D）

6. 男：你看，外面下雨了。
   女：啊，又下雨了！这里的气候太湿润了。
   男：我记得最近两个月下了七八场雨。
   女：是啊，我的衣服常常是湿的。
   问：这个地方的气候怎么样？　　　　　　　　　　（A）

7. 女：您好，欢迎光临！
   男：请问这里为什么有这么多人？
   女：我们正在举办免费维修活动。
   男：能详细地介绍一下吗？
   问：男的是什么意思？　　　　　　　　　　　　　（C）

8. 女：已经十一点了，你怎么还没到？
   男：我已经出发了，可是因为下雪，地上太滑了，到学校大概要四十分钟。
   女：好的，你路上小心，慢慢儿开，别着急。
   男：我会的。
   问：男的是怎么去学校的？　　　　　　　　　　　（B）

9. 女：我这双雪地靴怎么样？
   男：颜色很漂亮。
   女：这是今年最流行的。
   男：不过，我觉得绿色的袜子配红色的鞋有点儿奇怪。
   问：男的觉得袜子怎么样？　　　　　　　　　　　（C）

10. 男：明天出差的行李准备好了吗？
    女：已经准备好了。
    男：那个地方气候很湿润，夏天常常热得人受不了。
    女：我准备了一把扇子，打算每天都带着。
    问：女的明天要干什么？　　　　　　　　　　　　（D）

第四课　饮食文化

Lesson 4　Food culture

课文一　中午去吃火锅怎么样？　04-1

（Kèjiān, Lǐ Bái hé tóngxué zài liáotiānr.）
（课间，李白和同学在聊天儿。）

tóngxué: Lǐ Bái, nǐ yǒu qiǎokèlì ma? Wǒ kuài èsǐ le!
同学：李白，你有巧克力吗？我快饿死了！

Lǐ Bái: Wǒ de qiǎokèlì zǎo jiù chīwán le, wǒ yě hěn è, kěshì hái yǒu yì jié kè ne.
李白：我的巧克力早就吃完了，我也很饿，可是还有一节课呢。

　　　　Zhōngwǔ zánmen chī shénme?
　　　　中午咱们吃什么？

tóngxué: Hái yòng shuō ma? Dāngrán shì chī Màidāngláo a.
同学：还用说吗？当然是吃麦当劳啊。

Lǐ Bái: Yòu shì Màidāngláo? Nǐ zěnme měi tiān dōu chī hànbǎo hé shǔtiáor a?
李白：又是麦当劳？你怎么每天都吃汉堡和薯条儿啊？

tóngxué: Hànbǎo duō hǎo a! Nǐ kàn, tā yǒu ròu, yǒu cài, yǒu miànbāo, yòu fāngbiàn
同学：汉堡多好啊！你看，它有肉，有菜，有面包，又方便

　　　　yòu hàochī.
　　　　又好吃。

Lǐ Bái: Búguò nǐ zhīdào tā de rèliàng yǒu duōshao ma?
李白：不过你知道它的热量有多少吗？

tóngxué: Dāngrán zhīdào le. Kěshì wǒ jiù shì ài chī hànbǎo.
同学：当然知道了。可是我就是爱吃汉堡。

李白：哈哈，其实来中国以后，我也变胖了不少，尤其是我学会用筷子以后，吃得更多了。

同学：我刚来中国的时候，也不会用筷子。饭馆儿里没有刀和叉子，我只能用勺子，但是现在我用筷子的技术比很多中国人还好呢。哎，对了，李白，你推荐一个法国最著名的菜吧。

李白：我估计，最著名的法国菜就是蜗牛了。

同学：蜗牛？我不太喜欢。

李白：没关系，每个人的口味不同，这很正常。

同学：是啊，不过，如果选一种咱们都爱吃的菜，那就是火锅了吧！

李白：我同意！你说出了我的心里话。既然这样，中午去吃火锅怎么样？

tóngxué: Tài hǎo le! Xiànzài bié shuō le, yuè shuō yuè è!
同学：太好了！现在别说了，越说越饿！

听后练习 Exercises

一、请听第一遍课文，选择正确答案。

1. B 2. C 3. D

二、请听第二遍课文，判断对错。

1. √ 2. √ 3. × 4. × 5. ×

三、请听第三遍课文，回答问题。

1. 因为汉堡有肉，有菜，有面包，又方便又好吃。

2. 用勺子。现在他用筷子的技术比很多中国人还好。

3. 蜗牛。李白的同学不太喜欢。

课文二　生日聚会 04-3

(Jīntiān shì Zhāng Méng de shēngrì, Zhāng Méng hé péngyoumen zài fángjiān li jùhuì.)
(今天是张萌的生日，张萌和朋友们在房间里聚会。)

péngyoumen: Zhāng Méng, shēngrì kuàilè!
朋友们：张萌，生日快乐！

Zhāng Méng: Xièxie dàjiā, nǐmen néng lái wǒ zhēn de hěn gāoxìng!
张　萌：谢谢大家，你们能来我真的很高兴！

Lǐ Bái: Nǐ zhǔnbèile zhème duō zhōngguócài a, zhēn xiāng! Zhège pánzi li
李　白：你准备了这么多中国菜啊，真香！这个盘子里

shì shénme? Shì bāozi ma?
是什么？是包子吗？

张萌: 是啊，我最近刚学了做包子，可技术还不太好，所以这些包子不太好看。

李白: 已经很厉害了！以前我以为中国菜都是咸的，后来我才发现，中国菜的味道很丰富呢。

张萌: 那当然，以前你那么想，是因为你在中国的北方。北方人做菜会放很多盐，口味比较重；而南方菜里会放一些糖，口味也比较清淡。

韩国朋友: 我喜欢吃南方菜，油不多又好吃，还能让人保持好身材。今天我给大家带了几个韩国菜。来，尝尝泡菜和海带汤吧。在我们韩国，过生日的时候一定要喝海带汤，表示对妈妈的感谢。

张萌: 谢谢你的海带汤！我也很喜欢吃泡菜。

Hánguó péngyou: Duì wǒmen hánguórén lái shuō, pàocài zhēn de fēicháng zhòngyào.
韩国 朋友：对 我们 韩国人 来 说，泡菜 真 的 非常 重要。

Hánguórén chī fàn lí bu kāi pàocài.
韩国人 吃饭离不开泡菜。

Yìndù péngyou: Jiù xiàng wǒmen yìndùrén lí bu kāi gālí yíyàng. Lái, chángchang
印度 朋友：就 像 我们 印度人 离不开 咖喱 一样。来，尝尝

wǒ zuò de gālíjīròumiàn ba. Wǒ tīngshuō zhōngguórén guò shēngrì
我 做 的 咖喱鸡肉面 吧。我 听说 中国人 过 生日

de shíhou yào chī miàntiáor, shì ma?
的 时候 要 吃 面条儿，是 吗？

Zhāng Méng: Shìde, zhōngguórén guò shēngrì yào chī chángshòumiàn, biǎoshì jiànkāng
张 萌：是的，中国人 过 生日要吃 长寿面，表示 健康

chángshòu. Xièxie nǐ zuò de miàntiáor, wǒ tài gǎndòng le!
长寿。 谢谢 你 做 的 面条儿，我 太 感动 了！

Lǐ Bái: Lái, péngyoumen, ràng wǒmen yìqǐ zhù Zhāng Méng shēngrì kuàilè,
李 白：来，朋友们， 让 我们一起祝 张 萌 生日 快乐、

yǒngyuǎn jiànkāng ba! Gānbēi!
永远 健康 吧！干杯！

péngyoumen: Gānbēi!
朋友们：干杯！

听后练习 Exercises

一、请听第一遍课文，选择正确答案。

1. B 2. C 3. A

二、请听第二遍课文，回答问题。

1. 因为张萌过生日。

2. 北方菜口味比较重，南方菜口味比较清淡。

3. 喝海带汤，表示对妈妈的感谢。

4. 吃长寿面，表示健康长寿。

三、请听第三遍课文，根据你对课文的理解，将下面的语段补充完整，并朗读。

1. 丰富　2. 盐　3. 糖　4. 泡菜　5. 印度

挑战一下吧　Challenge yourself　04-5

一、选择正确答案。

1. 男：饿了吧？来一块巧克力？
   女：不行，我最近在减肥，还是喝杯水吧。
   问：女的是什么意思？　　　　　　　　　（B）

2. 女：咱们去吃火锅怎么样？你能吃辣吗？
   男：不太能吃，但是我想试一试。再说，来四川就该吃火锅。
   问：根据对话，下面正确的是哪项？　　　（D）

3. 男：这是什么菜？味道又甜又辣。
   女：这是泡菜。韩国人很喜欢，又健康又好吃。
   问：根据对话，我们可以知道什么？　　　（D）

4. 女：以前我以为中国菜都是咸的和辣的，后来才发现，中国菜的味道其实很丰富。
   男：以前你那么觉得，是因为你在中国北方留学，菜的味道比较重。
   问：关于女的，我们可以知道什么？　　　（A）

5. 男：你不是很喜欢喝冰咖啡吗？怎么今天没点呢？
   女：我最近肚子疼，一喝咖啡就不舒服，更别说冰的了。
   问：女的怎么了？　　　　　　　　　　　（C）

录音文本及参考答案
Recording Script and Answer Key

6. 男：我做的这道法国菜你尝了吗？味道怎么样？
   女：我觉得盐放多了。
   男：哎呀，真不好意思，我给你倒杯水吧？
   女：好的，谢谢。
   问：女的觉得这道法国菜怎么样？　　　　　　（B）

7. 女：生日快乐！这是我为你做的蛋糕，送给你。
   男：谢谢你，这个蛋糕真漂亮！这是我妈做的面条儿，你尝尝。
   女：好啊，中国人过生日的时候要吃面条儿吗？
   男：对，这叫长寿面，表示健康长寿。
   问：关于男的，我们可以知道什么？　　　　　　（C）

8. 男：我刚来中国的时候，不习惯吃中国菜，每天只吃麦当劳和肯德基。
   女：现在怎么样？习惯中国菜的味道了吗？
   男：不仅习惯了，而且非常喜欢吃，特别是西红柿炒鸡蛋。
   女：真的吗？我做的西红柿炒鸡蛋非常好吃，下次我做给你吃。
   问：根据对话，下面正确的是哪项？　　　　　　（C）

9. 女：印度的咖喱真好吃！
   男：对啊，在我们印度，咖喱非常重要，而且吃咖喱有很多好处。
   女：我听说了，吃咖喱可以让身材越来越好呢。
   男：说得对。来，再尝尝我做的咖喱鸡肉面吧。
   问：吃咖喱有什么好处？　　　　　　（A）

10. 男：上次你给我的泡菜很好吃，我三天就吃完了。
    女：真的吗？那你很适合去我们韩国生活。明天我再给你带点儿泡菜。
    男：不用了，这多不好意思。
    女：没什么，对韩国人来说，泡菜非常重要。我家里有很多，你不用客气。
    男：太谢谢你了！下次让你尝尝我妈妈做的中国菜。
    问：根据对话，我们可以知道什么？　　　　　　（A）

第五课 选购服饰
Lesson 5 Picking out clothes

课文一 应该穿得正式一点儿 05-1

(Mǎ Xiǎojūn hé Lǐ Bái zài tiāoxuǎn zhǔchí kāixué diǎnlǐ de yīfu.)
(马小军和李白在挑选主持开学典礼的衣服。)

Mǎ Xiǎojūn: Lǐ Bái, nǐ de yīfu xuǎnhǎo le ma?
马 小军：李白，你的衣服选好了吗？

Lǐ Bái: Wǒ shēnshang zhè yí tào zěnmeyàng? Chènshān hé niúzǎikù, chuānzhe
李 白： 我身上这一套怎么样？衬衫和牛仔裤，穿着

shūfu, xíngdòng yě hěn fāngbiàn.
舒服，行动也很方便。

Mǎ Xiǎojūn: Chènshān tǐng hǎo, búguò niúzǎikù bú tài héshì. Kāixué diǎnlǐ yāoqǐngle
马 小军：衬衫挺好，不过牛仔裤不太合适。开学典礼邀请了

hěn duō lǎoshī, tóngxué, hái yǒu jìzhě, zhèyàng chuān shì bu shì bú tài
很多老师、同学，还有记者，这样穿是不是不太

zhèngshì? Yàoshi néng chuān yí tào lǐfú jiù hǎo le.
正式？要是能穿一套礼服就好了。

Lǐ Bái: Lǐfú wǒ yǒu yí tào, búguò zài Fǎguó ne, jì guolai yě láibují le.
李 白：礼服我有一套，不过在法国呢，寄过来也来不及了。

Mǎ Xiǎojūn: Wǒ zhīdào yì jiā néng zū lǐfú de fúzhuāngdiàn, wǒmen qù nàr kànkan ba.
马 小军：我知道一家能租礼服的服装店，我们去那儿看看吧。

Lǐ Bái: Hǎo a, zánmen xiànzài jiù qù ba.
李 白：好啊，咱们现在就去吧。

(在 服装店。)

马小军：我觉得这套不错，你要不要试一试？

李白：颜色太深了吧？会不会看起来太成熟了？

马小军：不会，再说成熟也不是坏事。开学典礼是很正式的场合，作为主持人，应该穿得成熟一点儿。试试吧，我觉得很适合你。

(李白从试衣间出来。)

李白：这衣服看着一般，穿上还挺合适的，你的眼光真不错！

马小军：谢谢！旁边有一面大镜子，你再仔细整理一下。

李白：哎呀，这是哪儿来的外国小伙子，太帅了！

马小军：如果你能再去理理发，露出耳朵来，说你帅的人会更多的。

听后练习 Exercises

一、请听第一遍课文，选择正确答案。

1. B 2. A 3. C

二、请听第二遍课文，判断对错。

1. √ 2. × 3. √ 4. × 5. √ 6. √

三、请听第三遍课文，回答问题。

1. 主持人。

2. 衬衫和牛仔裤。

3. 他觉得马小军的眼光很不错。

课文二　有没有适合冬天穿的旗袍？ 05-3

(Mǐ Xuě zài shāngchǎng tiāoxuǎn qípáo.)
（米雪在　商场　挑选　旗袍。）

shòuhuòyuán: Huānyíng guānglín!
售货员：　欢迎　光临！

Mǐ Xuě: Nǐ hǎo, wǒ xiǎng wèn yíxià, yǒu méiyǒu shìhé dōngtiān chuān de qípáo?
米雪：　你好，我想　问一下，有没有适合　冬天　穿　的旗袍？

shòuhuòyuán: Xiànzài diàn li de qípáo dōu shì shìhé dōngtiān chuān de, nín kàn yíxià yǒu xǐhuan de ma?
售货员：　现在　店里的旗袍都是适合　冬天　穿　的，您看一下有喜欢的吗？

Mǐ Xuě: Yǒu shìhé cānjiā hūnlǐ de ma?
米雪：　有适合参加婚礼的吗？

售货员: 婚礼可以考虑这件旗袍礼服。大红色，新娘穿最合适。

米雪: 不是我结婚，我是去参加婚礼。

售货员: 不好意思，我误会了。那您看这件粉色的长旗袍怎么样？

米雪: 我这个年龄穿粉色不合适，并且还露着胳膊，太冷了。

售货员: 您看这件呢？中式长款旗袍，有蓝色、暗红色和淡紫色三种颜色。

米雪: 这件不错，我考虑一下要哪个颜色的。

售货员: 好的，您慢慢儿选。现在店里客人比较多，我先离开一下，请您原谅。

米雪: 好的，我先看一看。

听后练习 Exercises

一、请听第一遍课文，选择正确答案。

1. A   2. B   3. D

二、请听第二遍课文，回答问题。

1. 因为要参加婚礼。

2. 推荐了一件大红色的旗袍礼服和一件粉色的长旗袍。米雪不太满意。

3. 米雪最后觉得中式长款旗袍不错，正在考虑要哪个颜色的。

三、请听第三遍课文，根据你对课文的理解，将下面的语段补充完整，并朗读。

1. 旗袍   2. 婚礼   3. 胳膊   4. 中式   5. 考虑

挑战一下吧 Challenge yourself 05-5

一、选择正确答案。

1. 男：晚上我们去李老师家吃饭，要提前准备什么吗？
   女：没什么要准备的吧，穿得正式一点儿就可以了。
   问：根据对话，男的晚上应该穿什么？　　　（B）

2. 女：为什么这个月我们花了这么多钱？钱都花到哪儿了？
   男：这个月没买什么东西，就是上次旅行的时候租车花了不少钱。
   问：这个月什么花钱最多？　　　（D）

3. 男：这个颜色我穿着合适吗？会不会太成熟了？
   女：先生，正式场合还是穿深颜色的比较好。这儿有镜子，您可以看一下。
   问：这段对话可能发生在哪儿？　　　（D）

录音文本及参考答案
Recording Script and Answer Key

4. 女：你的房间整理好了吗？
   男：我正要整理的时候，小王找我，说明天的开学典礼需要一个男主持人，我就开始找合适的衣服。
   问：男的刚才在做什么？ （B）

5. 女：昨天实在不好意思，我以为你是忘了我们的约会，不知道你工作这么忙。
   男：没事儿，让你等了我那么长时间，真是对不起。
   问：女的昨天怎么了？ （D）

6. 男：这套衣服怎么样？
   女：看起来不错，不过不太正式。
   男：那白色衬衫怎么样？
   女：要是能穿一套礼服就好了。
   问：女的是什么意思？ （B）

7. 男：请问有什么可以帮您的？
   女：我想买一件旗袍参加开学典礼，可是不知道选哪个颜色好。
   男：这件蓝色的应该很适合您。
   女：好的，我去试试。
   问：男的觉得女的穿什么好？ （B）

8. 女：你昨晚去医院了？怎么了？
   男：昨天我突然胳膊疼，就去医院看了看。
   女：到底怎么回事？
   男：没什么大事，就是最近总是上网，应该多活动活动。
   问：男的昨晚怎么了？ （B）

9. 女：你的汉语说得真好，你是从什么时候开始学汉语的？
   男：大概五岁的时候开始学的。
   女：那么小就开始学外语了？
   男：汉语在我们国家特别流行，还有年龄更小的孩子学呢。
   问：男的是从几岁开始学习汉语的？　　　　　　（B）

10. 女：同学，我能用一下你的学生卡吗？
    男：我是老师，我的卡在这里用不了。
    女：对不起，我误会了。
    男：没关系。
    问：女的以为男的是谁？　　　　　　　　　　　（A）

第六课 身体健康
Lesson 6　Physical health

课文一　别拿感冒不当病　06-1

(Mǎ Xiǎojūn zài xuéxiào yīyuàn jízhěnshì kànbìng.)
（马 小军 在 学校 医院 急诊室 看病。）

dàifu:　Tóngxué, nǐ nǎli bù shūfu?
大夫：　同学，你 哪里 不 舒服？

Mǎ Xiǎojūn:　Wǒ quánshēn dōu nánshòu, yīnggāi shì gǎnmào le.
马 小军：　我 全身 都 难受，应该 是 感冒 了。

dàifu:　Xiànzài yǒu shénme gǎnjué?
大夫：　现在 有 什么 感觉？

Mǎ Xiǎojūn:　Gǎnjué méi lìqi, pà lěng, tóu téng, dùzi yě bù shūfu.
马 小军：　感觉 没 力气，怕 冷，头 疼，肚子 也 不 舒服。

dàifu:　Cè tǐwēn le ma?
大夫：　测 体温 了 吗？

Mǎ Xiǎojūn:　Jīntiān zǎoshang qǐchuáng hòu liáng de, 38 dù, fāshāo le.
马 小军：　今天 早上 起床 后 量 的，38度，发烧 了。

dàifu:　Lái, zhāngkāi zuǐ, wǒ kànkan.
大夫：　来，张开 嘴，我 看看。

Mǎ Xiǎojūn:　Ā…
马 小军：　啊……

dàifu:　Sǎngzi fāyán le, késou ma?
大夫：　嗓子 发炎 了，咳嗽 吗？

马小军：不咳嗽，就是觉得嗓子疼。我还肚子疼，拉肚子，可我最近也没乱吃东西。

大夫：你什么时候开始感觉不舒服的？

马小军：从昨天下午开始的。跟我住一个宿舍的同学先感冒了，我可能是被传染了。

大夫：这样吧，你先去验血，我看看结果。

马小军：必须要验血吗？我觉得应该就是感冒，吃药或者打针应该就可以了吧？

大夫：照你刚才说的这些情况看，你应该是得了流感。流感和普通感冒不同，如果不能正确用药，不但好得慢，还可能会引起其他问题。所以啊，别拿感冒不当病！

录音文本及参考答案
Recording Script and Answer Key

听后练习 Exercises

一、请听第一遍课文，选择正确答案。

　1. D　2. A　3. B

二、请听第二遍课文，判断对错。

　1. √　2. ×　3. ×　4. ×

三、请听第三遍课文，回答问题。

1. 感觉不舒服，发烧了。

2. 感觉没力气，怕冷，头疼，嗓子疼，肚子疼，拉肚子。

3. 昨天下午。

4. 验血以后才能知道马小军得的是流感还是普通感冒。因为流感和普通感冒不同，如果不能正确用药，不但好得慢，还可能引起其他问题。

课文二　有什么预防感冒的方法吗？　06-3

Zhāng Méng: Xiǎojūn, hǎo cháng shíjiān méi zài jiànshēnfáng kàndào nǐ le, zuìjìn hěn máng ma?
张　萌：小军，好长时间没在健身房看到你了，最近很忙吗？

Mǎ Xiǎojūn: Wǒ qián duàn shíjiān déle zhòng gǎnmào.
马小军：我前段时间得了重感冒。

Zhāng Méng: Zuìjìn liúgǎn hěn yánzhòng, xuéxiào yīyuàn de jízhěnshì li rén zǒngshì mǎnmǎn de.
张　萌：最近流感很严重，学校医院的急诊室里人总是满满的。

Mǎ Xiǎojūn: Wǒ yǐqián gǎnmàole tōngcháng dōu shì shuì yí jiào, duō hē diǎnr rè shuǐ
马小军：我以前感冒了通常都是睡一觉、多喝点儿热水

151

就好了。这次特别严重,必须吃药、打针才行。

张 萌:如果得了流感,不及时用药,很难很快好起来。

马小军:有什么预防感冒的办法吗?今年我好像身体特别差,这学期已经是第三次感冒了。

张 萌:生活不规律,身体就会变差,平时还是要早睡早起,少熬夜。

马小军:你说得对,我最近总是睡得很晚。

张 萌:最好坚持运动,运动也可以提高抵抗力。

马小军:我听说多吃维生素C可以预防感冒,是这样吗?

张 萌:补充维生素C可以提高抵抗力,但是不一定能预防感冒。另外,要多吃蔬菜、水果。感冒病毒多通过说话、咳嗽、手的接触传播,所以回家后,一定要先洗手、漱口。

录音文本及参考答案
Recording Script and Answer Key

Mǎ Xiǎojūn: Nǐ zhīdào de zhēn duō, cóng nǎli xué de?
马 小军：你知道的真多，从哪里学的？

Zhāng Méng: Wǒ píngshí xǐhuan yuèdú yìxiē jiànkāng lèi de zázhì, kěyǐ xuédào hěn duō jiànkāng zhīshi.
张 萌：我平时喜欢阅读一些健康类的杂志，可以学到很多健康知识。

听后练习 Exercises

一、请听第一遍课文，选择正确答案。

1. B 2. A 3. D

二、请听第二遍课文，回答问题。

1. 他以前感冒了都是睡一觉、多喝点儿热水就好了。这次特别严重，必须吃药、打针才行。
2. 早睡早起，少熬夜，坚持运动，补充维生素C，多吃蔬菜、水果，回家后先洗手、漱口。
3. 从健康类杂志上学到的。

三、请听第三遍课文，根据你对课文的理解，将下面的语段补充完整，并朗读。

1. 预防 2. 规律 3. 熬夜 4. 坚持 5. 补充 6. 抵抗力 7. 通过 8. 接触
9. 漱口

挑战一下吧 Challenge yourself   06-5

一、选择正确答案。

1. 女：你脸色不太好，是不是生病了？
   男：别担心，只是最近作业很多，我这几天都在熬夜写作业，所以有点儿没精神。
   问：男的为什么没精神？　　　　　　　　（D）

153

2. 男：您好，这里禁止停车。
   女：对不起，孩子生病了，我刚刚带她去医院急诊室，没注意。我这就把车开走。
   问：女的刚刚去了哪里？　　　　　　　　　　（D）

3. 女：下课后要不要去喝杯咖啡，聊聊天儿？
   男：不去了，我感冒还没好，担心会传染你。
   问：男的为什么不去喝咖啡？　　　　　　　　（D）

4. 男：假期要不要带孩子出去玩儿？
   女：最近得流感的人很多，咱们最好不要带孩子去人多的地方。
   问：女的担心什么？　　　　　　　　　　　　（A）

5. 女：上次跟你说的电视节目你看了吗？最近讲了很多预防感冒的方法。
   男：看了，学了不少健康知识。
   问：这个电视节目最近在讲什么？　　　　　　（B）

6. 男：你哪儿不舒服？
   女：我觉得冷，头疼，嗓子有点儿发炎。
   男：量体温了吗？
   女：今天早上量的，38度。
   问：女的怎么了？　　　　　　　　　　　　　（C）

7. 女：你看我的裙子漂亮吗？
   男：真漂亮！是新买的吧？
   女：是的，我明天穿这条裙子出去玩儿怎么样？
   男：这么冷的天，你确定要穿裙子吗？
   问：男的是什么意思？　　　　　　　　　　　（C）

录音文本及参考答案
Recording Script and Answer Key

8. 女：聚会已经开始了，你怎么还没来？

   男：对不起，我工作还没做完，可能要加班了。

   女：没关系，等你下班再来也来得及。

   男：谢谢理解。

   问：男的为什么迟到了？　　　　　　　　（D）

9. 女：你比之前瘦多了，在减肥吗？

   男：没有，只是最近一直在坚持跑步。

   女：这真是个好习惯。

   男：坚持运动可以提高抵抗力，不容易生病。

   问：男的为什么坚持跑步？　　　　　　　（B）

10. 男：明天出差的行李准备好了吗？

    女：已经准备好了。

    男：东北天气很冷，你多带几件衣服，别感冒了。

    女：放心吧，我带了厚外套。

    问：女的明天要干什么？　　　　　　　　（D）

第七课 校园课程

Lesson 7　　University courses

课文一　学校安排了暑期课程　🔊 07-1

（Lǐ Bái qù bàngōngshì zhǎo Lǐ Sīqí.）
（李白去 办公室 找李思齐。）

Lǐ Bái: Lǐ lǎoshī, nín hǎo! Nín xiànzài fāngbiàn ma?
李 白：李老师，您好！您 现在 方便 吗？

Lǐ Sīqí: Ā, shì Lǐ Bái a, wǒ xiànzài yǒu kòngr, nǐ yǒu shénme shì?
李思齐：啊，是李白啊，我 现在 有空儿，你有 什么 事？

Lǐ Bái: Lǐ lǎoshī, wǒ tīngshuō zhège shǔjià xuéxiào ānpáile shǔqī kèchéng, yǒu
李 白：李老师，我 听说 这个暑假 学校 安排了 暑期 课程，有

Zhōngguó lìshǐ, Zhōngguó fǎlǜ hé 20 shìjì Zhōngguó jiàoyù děng yìxiē wǒ
中国 历史、中国 法律和20世纪 中国 教育 等 一些 我

hěn gǎn xìngqù de kè, wǒ xiǎng zhīdào liúxuéshēng shìfǒu kěyǐ cānjiā?
很 感兴趣的课，我 想 知道 留学生 是否可以参加？

Lǐ Sīqí: Dāngrán kěyǐ, búguò xūyào bàn yìxiē shǒuxù.
李思齐：当然 可以，不过需要 办一些 手续。

Lǐ Bái: Nín néng gēn wǒ jùtǐ shuō yíxià ma?
李 白：您 能 跟 我具体说 一下 吗？

Lǐ Sīqí: Shǒuxiān, nǐ xūyào cóng xiàoyuánwǎng shang xiàzài bàomíngbiǎo, tiánhǎo hòu
李思齐：首先，你需要 从 校园网 上 下载 报名表，填好 后

zài fùyìn sān fèn, bìngqiě zài měi yí fèn shang qiānzì. Tóngshí fùyìn nǐ de
再复印三份，并且 在每一份 上 签字。同时 复印 你的

护照和签证。

Lǐ Bái: Hǎo de, wǒ dào xiàoyuánwǎng shang kàn yi kàn.
李白：好的，我到校园网上看一看。

Lǐ Sīqí: Qícì, nǐ yào tíjiāo zhè xuéqī de chéngjìdān, bàomíng shǔqī kèchéng yāoqiú
李思齐：其次，你要提交这学期的成绩单，报名暑期课程要求

měi mén kǎoshì chéngjì dōu hégé.
每门考试成绩都合格。

Lǐ Bái: Lǐ lǎoshī, zhè xuéqī de chéngjìdān wǒ hái méiyǒu nádào.
李白：李老师，这学期的成绩单我还没有拿到。

Lǐ Sīqí: Míngtiān nǐ qù jiàowù lǎoshī nàr wèn yíxià, chéngjìdān kěnéng yǐjīng yǒu le,
李思齐：明天你去教务老师那儿问一下，成绩单可能已经有了，

kěyǐ qǐng tā bāng nǐ fā chuánzhēn gěi shǔqī kèchéng de lǎoshī. Lìngwài, nǐ
可以请他帮你发传真给暑期课程的老师。另外，你

yào xiě yì fēng shēnqǐngxìn, jiǎndān jièshào yíxià nǐ de qíngkuàng, shuōshuo
要写一封申请信，简单介绍一下你的情况，说说

wèi shénme yào cānjiā shǔqī kèchéng, duì nǎxiē kè yǒu xìngqù, xuéxí jìhuà
为什么要参加暑期课程、对哪些课有兴趣、学习计划

děngděng.
等等。

Lǐ Bái: Hǎo de, xièxie lǎoshī. Búguò, wǒ yǒudiǎnr dānxīn zìjǐ tīng bu dǒng.
李白：好的，谢谢老师。不过，我有点儿担心自己听不懂。

Lǐ Sīqí: Nǐ de Hànyǔ shuǐpíng méi wèntí, yào yǒu zìxìn. Búguò, shǔqī kèchéng hé
李思齐：你的汉语水平没问题，要有自信。不过，暑期课程和

píngshí shàngkè yāoqiú yíyàng, nǐ yào kǎolǜ qīngchu, zuòhǎo zhǔnbèi.
平时上课要求一样，你要考虑清楚，做好准备。

Lǐ Bái: Wǒ huì nǔlì de.
李 白： 我 会 努力 的。

听后练习 Exercises

一、请听第一遍课文，选择正确答案。

1. C   2. D   3. C

二、请听第二遍课文，判断对错。

1. ×   2. √   3. ×   4. √   5. √   6. ×

三、请听第三遍课文，回答问题。

1. 中国历史、中国法律和20世纪中国教育等。

2. 从校园网上下载。

3. 他担心自己听不懂。

课文二　我是来听课的   07-3

(Mǎ Xiǎojūn hé Mǐ Xuě zài xuéxiào túshūguǎn ménkǒu.)
（马 小军 和 米雪 在 学校 图书馆 门口。）

Mǐ Xuě: Xiǎojūn, nǐ hǎo, zhème zǎo jiù lái xuéxí le?
米 雪： 小军，你好，这么 早 就 来 学习 了？

Mǎ Xiǎojūn: Nǐ hǎo, Mǐ Xuě. Nǐ yě hěn zǎo a! Shì lái jiè shū ma?
马 小军： 你好，米雪。你也很早啊！是来借书吗？

Mǐ Xuě: Wǒ shì lái tīngkè de. Jīntiān túshūguǎn yǒu guānyú shōují zīliào de kè,
米 雪： 我 是 来 听课 的。今天 图书馆 有 关于 收集 资料 的 课，

wǒ juéde zhè duì wǒ bóshì lùnwén de xiězuò hěn yǒu bāngzhù, jiù lái kànkan.
我 觉得 这 对 我 博士 论文 的 写作 很 有 帮助，就 来 看看。

Mǎ Xiǎojūn: Shì ma? Nǐ zhème yì shuō wǒ yě tǐng gǎn xìngqù de. Xiànzài wǒmen huòdé zhīshi hěn róngyì, dànshì yǒu mùdì de zhěnglǐ hé jīlěi tài nán le, xué yìxiē hǎo de fāngfǎ hěn zhòngyào.

马小军： 是吗？你这么一说我也挺感兴趣的。现在我们获得知识很容易，但是有目的地整理和积累太难了，学一些好的方法很重要。

Mǐ Xuě: Nà wǒmen yìqǐ qù kànkan ba.

米雪： 那我们一起去看看吧。

Mǎ Xiǎojūn: Hǎo a! Nǐ shì zěnme zhīdào yǒu zhè mén kè de? Wǒ zěnme cónglái méi tīngshuōguo?

马小军： 好啊！你是怎么知道有这门课的？我怎么从来没听说过？

Mǐ Xuě: Wǒ shì zài shàng zhuānyèkè de shíhou tīng tóngxué shuō de. Tāmen shuō zhè mén kè suīrán shì jīchǔ kèchéng, dànshì jiāo zhè mén kè de jiàoshòu hěn yōumò, kèchéng nèiróng fēngfù, bǎozhèng bú huì ràng wǒ shīwàng.

米雪： 我是在上专业课的时候听同学说的。他们说这门课虽然是基础课程，但是教这门课的教授很幽默，课程内容丰富，保证不会让我失望。

Mǎ Xiǎojūn: Tài hǎo le! Wǒ xǐhuan néng bǎ fùzá de nèiróng jiǎng de jiǎndān, yǒuqù de lǎoshī. Búguò, wǒ yě yǒuxiē dānxīn, pà zìjǐ jīchǔ tài chà, tīng bu dǒng.

马小军： 太好了！我喜欢能把复杂的内容讲得简单、有趣的老师。不过，我也有些担心，怕自己基础太差，听不懂。

Mǐ Xuě: Bié dānxīn, lǎoshīmen xiànzài shàngkè dōu yòng PPT. Dào shíhou nǐ kěyǐ wènwen lǎoshī, néng bu néng bǎ PPT fā gěi nǐ. Zhèyàng kěyǐ fāngbiàn

米雪： 别担心，老师们现在上课都用PPT。到时候你可以问问老师，能不能把PPT发给你。这样可以方便

yùxí hé fùxí, xuéxí xiàoguǒ yídìng gèng hǎo.
预习 和 复习，学习 效果 一定 更 好。

Mǎ Xiǎojūn: Zhè bànfǎ zhēn hǎo! Āiyā, shàngkè shíjiān yào dào le, zánmen kuài zǒu ba!
马 小军： 这 办法 真 好！哎呀，上课 时间 要 到 了，咱们 快 走 吧！

听后练习 Exercises

一、请听第一遍课文，选择正确答案。

1. A 2. C 3. A

二、请听第二遍课文，回答问题。

1. 为了听课。

2. 有兴趣。他觉得学一些好的方法很重要。

3. 向老师要上课用的PPT，帮助自己预习和复习。

三、请听第三遍课文，根据你对课文的理解，将下面的语段补充完整，并朗读。

1. 收集 2. 博士 3. 目的 4. 基础 5. 教授 6. 保证 7. 失望 8. 预习

挑战一下吧 Challenge yourself 07-5

一、选择正确答案。

1. 男：你昨天怎么那么晚才睡？在忙什么呀？
   女：我收拾了一下家里，竟然找到一本1980年的杂志！
   问：这本杂志是什么时候的？　　　　　　（C）

2. 女：这个周末你有什么打算？我们去看电影怎么样？
   男：抱歉，我去不了。下个星期一我要去做一个法律讲座，现在还没准备好，周五晚上和周六、周日全天都要在办公室准备材料。
   问：这个周末男的要做什么？　　　　　　（A）

录音文本及参考答案
Recording Script and Answer Key

3. 男：王老师，我的论文写好了，能发给您看一下吗？
   女：我不太习惯在电脑上改论文，你把它打印出来放到我的办公桌上吧，到时候我们一起商量怎么改。
   问：女的不习惯怎么做？　　　　　　　　　（A）

4. 女：你怎么知道学校是下个星期一放假？我以为是下个星期三呢。
   男：我看了看学校最近几年放暑假的时间，发现一般都是星期一。
   问：男的是怎么知道什么时候放假的？　　　（D）

5. 女：你今天不是有课吗？怎么没去上课？
   男：我突然肚子疼，感觉没力气。
   问：男的为什么没去上课？　　　　　　　　（C）

6. 男：你怎么这么早就来图书馆了？
   女：我来听课。这门课的教授很幽默，特别受欢迎。
   男：那也太早了，现在图书馆还没开门呢。
   女：我怕晚了没有座位，所以先来排队。
   问：女的来图书馆做什么？　　　　　　　　（D）

7. 女：你好，我想知道怎么申请上这门课。
   男：你可以在网上选课。
   女：申请这门课有什么要求？
   男：上学期所有课程成绩合格，并且对中国20世纪的教育情况比较熟悉。
   问：什么样的学生能申请这门课？　　　　　（B）

8. 女：明天就要参加入学面试了，我一直睡不着。
   男：需要的材料都准备好了，不用担心。
   女：我怕我的基础课程成绩不好，会让面试的老师失望。
   男：你放心，要有自信。
   问：男的是什么意思？　　　　　　　　　　（C）

9. 女：我下午要去图书馆听讲座。

   男：哪方面的讲座？

   女：关于怎么做社会调查的，会有调查方法和调查技术方面的内容。

   男：听你这么一说我也有点儿感兴趣了。

   问：男的可能想做什么？　　　　　　　　　　（C）

10. 男：学校在暑假有暑期课程，有很多有意思的课。

    女：我想报名，可是不知道怎么申请。

    男：需要打印成绩单和报名材料，还要写一封介绍自己情况的申请信。

    女：那我回去准备一下。

    问：关于暑期课程，我们可以知道什么？　　　（B）

第八课 学习方法
Lesson 8　Learning methods

课文一　汉语还分真假？　🔊 08-1

（Lǐ Bái hé Zhāng Méng zài liáotiānr.）
（李白和张萌在聊天儿。）

Zhāng Méng: Lǐ Bái, wǒ kànle nǐ zài xuéxiào guójì wénhuàjié shang biǎoyǎn de xiǎopǐn,
张　萌：李白，我看了你在学校国际文化节上表演的小品，

zhēn yǒu yìsi! Nǐ gāng dào Zhōngguó méi duō cháng shíjiān, Hànyǔ
真有意思！你刚到中国没多长时间，汉语

shuǐpíng tígāole bù shǎo ne.
水平提高了不少呢。

Lǐ Bái: Xièxie! Qíshí zhè duàn shíjiān wǒ zhèng wèi tígāo Hànyǔ shuǐpíng fāchóu
李白：谢谢！其实这段时间我正为提高汉语水平发愁

ne. Wǒ yuèláiyuè juéde zìjǐ xué de Hànyǔ bú shì zhēn Hànyǔ.
呢。我越来越觉得自己学的汉语不是真汉语。

Zhāng Méng: Hànyǔ hái fēn zhēn jiǎ?
张　萌：汉语还分真假？

Lǐ Bái: Bǐrú wǒ jīntiān zǎoshang pǎobù de shíhou, tīngdào yǒu rén dǎ zhāohu,
李白：比如我今天早上跑步的时候，听到有人打招呼，

shuō: "Wáng shūshu, zhème zǎo jiù chūlai liùwānr le?" Dànshì lǎoshī
说："王叔叔，这么早就出来遛弯儿了？"但是老师

shàngkè shí bú shì zhème jiāo de.
上课时不是这么教的。

张萌：李白，你能发现这些问题，说明你的汉语越来越好了。老师课上教的都是最标准的汉语，而生活中的汉语会更丰富一些。你早上听到的就是最生动的口语。

李白：还有，我到医院看病，看有的门上写着"闲人免进"，意思是有时间的人不要进去吗？

张萌："闲人免进"是正式场合使用的书面语。我现在明白你的问题了，很多留学生和你一样，觉得考试做对题目不难，但要把汉语说好，真的不容易。

李白：是啊，你有什么好方法吗？

张萌：在生活中多听，多看，多问，使用不同的表达方式。相同的意思，口语中怎么说，正式场合怎么说，都试试看。通过努力，我相信有一天大家

dōu huì biǎoyáng nǐ shuō "zhè wàiguó xiǎohuǒzi Hànyǔ shuō de zhēn hǎo".
都会 表扬 你说 "这 外国 小伙子 汉语 说 得 真 好"。

听后练习 Exercises

一、请听第一遍课文，选择正确答案。

1. D   2. D   3. D

二、请听第二遍课文，判断对错。

1. ×   2. √   3. √   4. √

三、请听第三遍课文，回答问题。

1. 他觉得自己学的汉语不是真汉语。
2. 听到人们打招呼，说："王叔叔，这么早就出来遛弯儿了？"他发现这和老师上课教的不一样。
3. 有的门上写着"闲人免进"。他理解的是"有时间的人不要进去"。
4. 在生活中多听，多看，多问，使用不同的表达方式。

课文二 学习要注意方法 08-3

(Lǐ Bái zài Lǐ Sīqí de bàngōngshì.)
（李白在李思齐的 办公室。）

Lǐ Bái: Lǐ lǎoshī, wǒ zuìjìn xué Hànyǔ zǒng gǎnjué méi shénme jìnbù. Suīrán yìzhí
李白：李老师，我最近学 汉语 总 感觉 没 什么进步。虽然 一直

hěn nǔlì, dàn juéde Hànyǔ shuǐpíng què tígāo de hěn màn, zhè ràng wǒ hěn
很 努力，但 觉得汉语 水平 却 提高 得 很 慢，这 让 我 很

fánnǎo, huáiyí zìjǐ shì bu shì biànbèn le.
烦恼，怀疑 自己 是 不 是 变笨 了。

Lǐ Sīqí: Zhè hěn zhèngcháng, gāng xué Hànyǔ de shíhou, shuǐpíng tígāo de zuì kuài.
李思齐：这 很 正常， 刚 学 汉语的时候，水平 提高 得 最 快。

165

很多同学开始时一句汉语也不会说，但是只用一个学期的时间，就能用汉语进行日常交流了。

李白：我也觉得刚来中国的时候汉语水平每天都在提高，现在却找不到方向了。

李思齐：两三个学期后，汉语水平提高的速度就会慢下来，要多学习，多练习，才能逐渐提高。

李白：您能教我一些具体的方法吗？

李思齐：你觉得自己现在学汉语最大的困难是什么？听、说、读、写哪部分比较好，哪部分不太好？

李白：我觉得我听和说的能力要比读和写好。但我的词汇量不够，平时没问题，一到正式场合，就听不懂也说不出来了。

李思齐：词汇确实是提高汉语水平的关键，但学习词汇要注意方法。要把平时看到、听到、不明白的词记下来，了解它们的意思，然后学着用。

李白：谢谢老师，还有别的方法吗？

李思齐：还要注意在生活中积累语言知识。有一个好办法，就是举一反三。

李白：您能说得具体点儿吗？

李思齐：比如老师教给你一个新词，你要想一下有没有学过意思相似的词语，它们的意思有什么区别，什么时候用什么词更准确；有没有学过意思相反的词，都怎么使用。

李白：这是个好办法，这样我的词汇量就会越来越大。

李思齐：相信"功夫不负有心人"，你这么努力，一定能把汉语学得越来越好！

听后练习 Exercises

一、请听第一遍课文，选择正确答案。

1. D   2. D   3. D

二、请听第二遍课文，回答问题。

1. 刚学汉语的时候。两三个学期后。

2. 词汇量不够。

3. 把平时看到、听到、不明白的词记下来，了解它们的意思，然后学着用；还要注意在生活中积累语言知识，举一反三。

三、请听第三遍课文，根据你对课文的理解，将下面的语段补充完整，并朗读。

1. 词汇   2. 积累   3. 举一反三   4. 相似   5. 准确   6. 相反

挑战一下吧 Challenge yourself   08-5

一、选择正确答案。

1. 女：这次考得怎么样？通过了吗？
   男：感觉不错，不过还不知道最后结果。
   问：关于男的，我们可以知道什么？   （B）

2. 男：提前准备好旅行要带的东西，不然一着急就容易忘。
   女：说得没错，忘记什么也不能忘记带身份证。
   问：女的认为去旅行时一定不能忘记带什么？   （C）

3. 女：最近有什么好看的电视节目推荐吗？最好能帮助学习汉语。
   男：《汉语桥》这个节目不错，可以教给我们很多有趣的汉语表达。
   问：男的为什么推荐《汉语桥》这个节目？   （D）

4. 男：假期要不要一起出去旅游？
   女：我不去了。这学期汉语水平考试没通过，我要好好儿学习。
   问：女的假期要做什么？   （B）

5. 女：上课时也没看到他很努力，他怎么能把汉语说得这么好？
   男：他很会学习，都把功夫用在平时了，很注意在日常生活中学汉语。
   问：他为什么能把汉语说得很好？　　　　　　（D）

6. 男：听说你在外面租房子住，是一个人住吗？
   女：不是，我的一个中国朋友和我一起住。
   男：这样很好，两个人一起住更安全。
   女：说得没错。最重要的是，和中国朋友一起住还可以常常练习口语。
   问：女的觉得和中国朋友一起住的好处是什么？（D）

7. 女：你好！请简单说说为什么你觉得自己适合这个工作？
   男：我的专业是经济学，英语也不错。
   女：你的汉语怎么样？
   男：我在中国留学了3年，通过了汉语水平考试6级，口语也很好。
   问：男的可能在做什么？　　　　　　　　　（B）

8. 女：真没想到你知道这么多中文歌！
   男：我喜欢听中文歌，听歌也可以学汉语。
   女：下次上课你可以给大家介绍介绍你听歌学汉语的经验吗？
   男：当然可以！一边唱一边学，学汉语更有趣了。
   问：男的为什么喜欢听中文歌？　　　　　　（C）

9. 女：你上课很少回答问题，没想到汉语考试却考得很好。
   男：我的口语不好，总是不好意思开口，担心说错。
   女：做对答案、通过汉语考试虽然重要，但更重要的是要学会使用汉语。
   男：你说得对，听、说、读、写都很重要，以后我要多说汉语。
   问：关于男的，我们可以知道什么？　　　　（D）

169

10. 男：你又在为什么发愁啊？也不和我们一起去吃饭。

女：每到学期结束快要考试的时候，总有复习不完的题目，一天48个小时也不够用。

男：放心吧，别这么紧张。你一直很努力，一定会考好。

女：谢谢你，可我还是很紧张。

问：关于女的，我们可以知道什么？（D）

第九课　中国社区
Lesson 9　Chinese community

课文一　走进中国社区　🔊 09-1

(Lǐ Bái cānjiā zǒujìn shèqū de huódòng, jìzhě zhèngzài cǎifǎng tā.
（李白参加走进社区的活动，记者正在采访他。）

jìzhě: Nǐ hǎo, qǐngwèn nǐ jiào shénme míngzi? Láizì nǎge guójiā?
记者：你好，请问你叫什么名字？来自哪个国家？

Lǐ Bái: Nǐ hǎo, wǒ jiào Lǐ Bái, shì fǎguórén, xiànzài zài Shāndōng Dàxué xuéxí Hànyǔ.
李白：你好，我叫李白，是法国人，现在在山东大学学习汉语。

jìzhě: Nǐ shì dì-yī cì lái zhège xiǎoqū ma?
记者：你是第一次来这个小区吗？

Lǐ Bái: Shìde, wǒ yǐqián zhǐshì zuò chē jīngguò, jīntiān shì lái cānjiā xuéxiào zǔzhī de huódòng, suàn shì dì-yī cì lái.
李白：是的，我以前只是坐车经过，今天是来参加学校组织的活动，算是第一次来。

jìzhě: Néng jùtǐ jièshào yíxià huódòng nèiróng ma? Bǐrú nǐ jīntiān dōu zuòle shénme?
记者：能具体介绍一下活动内容吗？比如你今天都做了什么？

Lǐ Bái: Wǒ jīntiān xiān hé tóngxuémen cānguānle shèqū fúwù zhōngxīn, ránhòu yìqǐ qīnglǐle diàntī, cāle zǒuláng bōli. Jiēzhe wǒ qùle sān dānyuán Wáng dàye de jiā, wènle wèn tā duì xiǎoqū fúwù de yìjiàn. Tā jiāole wǒ jǐ zhāo
李白：我今天先和同学们参观了社区服务中心，然后一起清理了电梯，擦了走廊玻璃。接着我去了三单元王大爷的家，问了问他对小区服务的意见。他教了我几招太极拳，我们还谈了谈中国和法国保护环境的不同做法。

记者： 你干得可真不少！怎么样？累吗？

李白： 一点儿都不累，这是我第一次来到中国的社区，心情特别激动，特别高兴能以这样的方式进一步了解中国。

记者： 那你对这个小区的印象怎么样？好的和不好的地方都可以说一说。

李白： 我能感受到大家都很友好，感情很深，常常互相帮助。要说缺点，就是有些人塑料袋用得太多了。

记者： 那你觉得应该怎么改变这种情况呢？

李白： 我们可以互相提醒，少用塑料袋。减少污染、保护环境是每一个人的责任。

记者： 你的建议非常好！谢谢你接受我们的采访。

录音文本及参考答案
Recording Script and Answer Key

听后练习 Exercises

一、请听第一遍课文，选择正确答案。

1. A 2. C 3. C

二、请听第二遍课文，判断对错。

1. √ 2. × 3. × 4. √ 5. × 6. √

三、请听第三遍课文，回答问题。

1. 走进中国社区。

2. 社区服务中心。

3. 心情特别激动，特别高兴能以这样的方式进一步了解中国。

课文二　社区服务调查　　09-3

(Lǐ Bái zài Wáng dàye jiā.)
（李白在王大爷家。）

Lǐ Bái: Dàye, nín hǎo! Wǒ jiào Lǐ Bái. Wǒ xiǎng zuò yí ge shèqū fúwù diàochá,
李白：大爷，您好！我叫李白。我想做一个社区服务调查，

qǐngwèn nín fāngbiàn ma?
请问您方便吗？

Wáng dàye: Fāngbiàn, lái, jìnlai, shāfā shang zuò.
王大爷：方便，来，进来，沙发上坐。

Lǐ Bái: Xièxie nín!
李白：谢谢您！

Wáng dàye: Zhè háishi dì-yī cì yǒu wàiguó péngyou lái wǒ jiā, nǐ shì nǎr rén a?
王大爷：这还是第一次有外国朋友来我家，你是哪儿人啊？

Lǐ Bái: Wǒ shì fǎguórén, xiànzài zài Shāndōng Dàxué xué Hànyǔ. Dàye, nín zěnme
李白：我是法国人，现在在山东大学学汉语。大爷，您怎么

173

chēnghu?
称呼?

Wáng dàye: Wǒ xìng Wáng.
王 大爷：我姓王。

Lǐ Bái: Wáng dàye, zhè shì wǒmen de shèqū fúwù diàochábiǎo, qǐng nín tián yíxià.
李 白：王大爷，这是我们的社区服务调查表，请您填一下。

Wáng dàye: Zhège zì tài xiǎo le, wǒ kàn bu qīngchu. Nǐ xiǎng wèn shénme jiù wèn ba,
王 大爷：这个字太小了，我看不清楚。你想问什么就问吧，

wǒ zhíjiē gēn nǐ shuō.
我直接跟你说。

Lǐ Bái: Hǎo de, xièxie nín! Nín duì xiǎoqū zhōuwéi de huánjìng mǎnyì ma?
李 白：好的，谢谢您！您对小区周围的环境满意吗？

Wáng dàye: Wǒmen zhèr hěn fāngbiàn, xiǎoqū li jiù yǒu yóujú hé yīyuàn, tèbié shì
王 大爷：我们这儿很方便，小区里就有邮局和医院，特别是

shèqū yīyuàn, dàifu hé hùshi tàidù hěn hǎo, duì wǒmen zhèxiē lǎorén
社区医院，大夫和护士态度很好，对我们这些老人

hěn yǒu lǐmào.
很有礼貌。

Lǐ Bái: Nà nín juéde xiǎoqū li rénmen de guānxi zěnmeyàng?
李 白：那您觉得小区里人们的关系怎么样？

Wáng dàye: Dàjiā guānxi dōu búcuò, wǒ yǒu shíjiān jiù zài xiǎoqū guǎngchǎng hé lǎo
王 大爷：大家关系都不错，我有时间就在小区广场和老

línjū liáoliaotiānr, dǎda tàijíquán, bǐ zìjǐ yí gè rén zài jiā kàn diànshì
邻居聊聊天儿，打打太极拳，比自己一个人在家看电视

yǒu yìsi duō le.
有意思多了。

李白: 那您现在是一个人住吗?

王大爷: 我现在也算是个"空巢老人"了。儿子平时工作忙,只有周末的时候才能带着孙子回来坐坐,还常常连饭都没吃完,接个电话就走了。不过说到底,这都是小事,只要他们过得好,我也就放心了。

李白: 您刚才说您会打太极拳,不瞒您说,我一直想学,您能教教我吗?

王大爷: 没问题。来,我先教你几个基本动作。

听后练习 Exercises

一、请听第一遍课文,选择正确答案。

1. B 2. B 3. B

二、请听第二遍课文,回答问题。

1. 满意。他觉得很方便,小区里有邮局和医院,社区医院的大夫和护士态度很好,很有礼貌。

2. 大家关系都不错,王大爷常常和邻居聊天儿,打太极拳。

3. 他一个人住，儿子平时工作忙，只有周末才能带着孙子回去坐坐。

三、请听第三遍课文，根据你对课文的理解，将下面的语段补充完整，并朗读。

1. 大爷　2. 沙发　3. 大夫　4. 护士　5. 礼貌　6. 空巢老人　7. 孙子
8. 接　　9. 到底

挑战一下吧　Challenge yourself　09-5

一、选择正确答案。

1. 男：今天天气不错，一起出去走走吧？
   女：不了，你们去吧，我得把家里的玻璃擦一擦。
   问：女的为什么不出去？　　　　　　　　　　（B）

2. 女：今年暑假，学校组织了什么活动？
   男：组织了"走进中国社区"活动，就是为了帮助留学生更加了解中国，带他们参观中国的小区，进行社区调查，参加社区交流。
   问：这个活动的目的是什么？　　　　　　　　（D）

3. 男：听说你最近买车了？新车怎么样？
   女：挺好的，就是车有点儿大，我家小区停车的地方太小了，每次停车都要花很长时间。
   问：新车有什么缺点？　　　　　　　　　　　（B）

4. 女：这个沙发看起来很舒服，我们就买它吧？
   男：价格是不高，不过太大了，等我们买新房子的时候再说吧。
   问：他们可能在做什么？　　　　　　　　　　（C）

5. 男：阿姨，您好！我叫小明，今年三岁了。
   女：小朋友，你好！你真是太有礼貌了，快过来，阿姨给你准备了礼物。
   问：小明为什么能得到礼物？　　　　　　　　（A）

6. 男：您好，请问您贵姓？

   女：我姓王。

   男：王小姐，您方便接受采访吗？

   女：我还是个学生，您还是别这么称呼我了。

   问：女的觉得男的应该怎么称呼自己比较合适？（A）

7. 女：你先去挂号，然后在走廊等着叫你的名字。

   男：能马上让大夫看看我吗？我真的很不舒服。

   女：现在看病的人很多，不过护士会过来看看你的情况。

   男：好的，谢谢！

   问：他们可能在哪儿？（B）

8. 女：您的儿子常回来看您吗？

   男：他平时工作忙，只有周末的时候才能回来坐坐。

   女：那您平时都是一个人吗？

   男：以前都是一个人。现在孙子和我住在一起，每天看着他去学校、放学回来做作业，我已经很满足了。

   问：男的现在和谁一起住？（D）

第9到10题是根据下面一段话：

　　现在，"空巢老人"越来越多了，很多年轻人在工作以后离开家去别的城市生活。如果留下来的老人是一个人，生活上的问题虽然可以请社区帮忙，但是在情感上，老人特别需要别人的关爱。

9. "空巢老人"为什么越来越多？（B）

10. 对"空巢老人"，我们应该怎么做？（C）

第十课 婚恋问题
Lesson 10　Love and marriage

课文一　想让你嫁得近一点儿　🔊 10-1

(Zhāng Méng jīngguò fùqin Lǎo Zhāng de shūzhuō, fāxiàn zhuōzi shang fàngzhe yì zhāng zhēnghūn qǐshì.)
（张萌经过父亲老张的书桌，发现桌子上放着一张征婚启事。）

Zhāng Méng: Bàba, zhè shì shénme?
张　萌：爸爸，这是什么？

Lǎo Zhāng: Zhège…… Zhè shì bàba gěi nǐ xiě de zhēnghūn qǐshì.
老　张：这个……这是爸爸给你写的征婚启事。

Zhāng Méng: Shénme? Nín gěi wǒ zhēnghūn? Wǒ cái 25, hái shì xuéshēng ne, nín zháo shénme jí a?
张　萌：什么？您给我征婚？我才25，还是学生呢，您着什么急啊？

Lǎo Zhāng: 25 yǐjīng bù xiǎo le, xiànzài mǎshàng jiéhūn dōu gòu wǎn de le. Nǐ cóng xiànzài kāishǐ tán liàn'ài dào jiéhūn, zǒng hái xūyào liǎng nián ba.
老　张：25已经不小了，现在马上结婚都够晚的了。你从现在开始谈恋爱到结婚，总还需要两年吧。

Zhāng Méng: Āiyā, wǒ dōu shuō bù zháojí le, érqiě nín kàn, nín dōu xiě de shénme ya. "Xiǎoqū li yǒu dānshēn xiǎohuǒzi ma? Yāoqiú 26 suì, shēntǐ
张　萌：哎呀，我都说不着急了，而且您看，您都写的什么呀。"小区里有单身小伙子吗？要求26岁，身体健康，诚实，善良，有技术，最好住在这个小区。"

您是要让我嫁给邻居吗？

老张： 我就是想让你嫁得近一点儿。你看，你已经到了要结婚的年纪，万一嫁得太远，以后遇到需要我们照顾的情况怎么办？那时候我们都帮不上你，才真着急呢！

张萌： 爸爸……

老张： 你别看我写得简单，我都仔细想过了。26岁，比你大一岁，年龄正合适。首先要"身体健康"，这是工作和生活的基础，其次要"诚实，善良"，人要好，其中还特别要求"有技术"，就是要聪明、有能力、工作稳定的意思。我打算多写几份，在咱们小区和旁边小区都找找看，也许真能有合适

de xiǎohuǒzi. Bà zhīdào nǐ bù hǎoyìsi, jiù xiěle gè xìng, liúle gè
的小伙子。爸知道你不好意思，就写了个姓，留了个

diànhuà. Běnlái dōu bù xiǎng gàosu nǐ.
电话。本来都不想告诉你。

Zhāng Méng: Bàba, wǒ hái xiǎng duō péi nín hé māma jǐ nián ne, zhēn de bù zháojí.
张 萌：爸爸，我还想多陪您和妈妈几年呢，真的不着急。

Lǎo Zhāng: Háizi a, zhè zhēnghūn qǐshì méi gēn nǐ shāngliang, shì wǒ bù hǎo. Búlùn
老 张：孩子啊，这征婚启事没跟你商量，是我不好。不论

nǐ duō dà, zǒu duō yuǎn, jié bu jiéhūn, nǐ dōu shì bàba de hǎo nǚ'ér.
你多大，走多远，结不结婚，你都是爸爸的好女儿。

听后练习 Exercises

一、请听第一遍课文，选择正确答案。

　1. D　2. C　3. B

二、请听第二遍课文，判断对错。

　1. √　2. ×　3. √　4. ×

三、请听第三遍课文，回答问题。

　1. 征婚启事。她有点儿生气。
　2. 要求26岁，身体健康，诚实，善良，有技术，最好住在这个小区。
　3. 想让女儿嫁得近一点儿。

课文二　请别叫我"剩女"　　10-3

(Zhāng Méng hé Mǎ Xiǎojūn zài liáotiānr.)
（张 萌 和马小军在聊天儿。）

Mǎ Xiǎojūn: Zuìjìn yǒu shénme kāixīn de shì ma? Shuōlái tīngting.
马 小军：最近有什么开心的事吗？说来听听。

录音文本及参考答案
Recording Script and Answer Key

张　萌：别提了，这次寒假回家，我成了饭桌上亲戚们讨论的重点了。

马小军：这说明大家关心你啊，有什么不好的？

张　萌：主要是他们总担心我嫁不出去。

马小军：你终于也感受到这种压力了。以前我还总是羡慕你自由，没想到，现在叔叔、阿姨也开始为你的婚姻大事着急了。

张　萌：以前他们也没干涉过我，今年不知道是怎么了，突然改变了态度。

马小军：还能有什么原因，看着你越来越大，现在也没男朋友，怕你做"剩女"。

张　萌：这个词这几年特别流行，我听着就不舒服！

马小军：也有"剩男"这个词，但没有"剩女"使用得这么

181

普遍。

张 萌：我们专业博士毕业就29岁了，我也不能一毕业就马上结婚啊。

马小军：对知识女性、职业女性来说，压力确实挺大的。

张 萌：我不会因为年龄大了就随便找个人结婚。婚姻不是做填空题，爱情是婚姻的基础，我自己的幸福自己说了算！

马小军：没错，我支持你！这学期的社团演讲，我们就从"剩女"说起，让大家都来说说自己对恋爱和婚姻的看法。

张 萌：好主意。我要申请演讲，题目我都想好了：《请别叫我"剩女"》！

录音文本及参考答案
Recording Script and Answer Key

听后练习 Exercises

一、请听第一遍课文，选择正确答案。

1. C   2. C   3. D

二、请听第二遍课文，回答问题。

1. 他们看张萌越来越大，现在也没男朋友，怕她嫁不出去。
2. 这个词有些性别歧视。

三、请听第三遍课文，根据你对课文的理解，将下面的语段补充完整，并朗读。

1. 剩女   2. 女性   3. 职业   4. 年龄   5. 填空   6. 爱情   7. 幸福

挑战一下吧 Challenge yourself 🔊 10-5

一、选择正确答案。

1. 女：最怕回家过年。一到过年，我这个单身女就成了家人饭桌上讨论的重点。
   男：你年纪也不小了，是该考虑一下这个问题了。
   问：女的为什么最怕回家过年？　　　　　　　　（D）

2. 男：你男朋友是你大学同学吗？
   女：是的，不过不是一个专业的，我们是一起参加大学社团活动的时候认识的。
   问：女的是怎么和男朋友认识的？　　　　　　　（D）

3. 男：你们小区的征婚启事真有意思，有一条要求是"最好住在这个小区"。
   女：太不好意思了，那是我爸爸给我写的，他希望我能嫁得近一点儿。
   问：关于征婚启事，我们可以知道什么？　　　　（C）

4. 女：我都28了还是单身，该不会就这样一直单身了吧？
   男：没什么可着急的，总不能因为年龄大了就随便找个人结婚。
   问：男的认为女的应该怎么做？　　　　　　　　（D）

183

5. 男：你最近真是越来越漂亮了！
   女：谢谢，没听人说过嘛，恋爱中的女人最美。
   问：女的为什么变漂亮了？ （A）

6. 男：你好，请问是张小姐吗？
   女：是的，您是哪位？
   男：我在小区里看到了你的征婚启事。我的条件基本符合，能和你见面喝杯咖啡，聊聊天儿吗？
   女：你有微信吗？我们还是先加微信聊聊吧。
   问：女的准备做什么？ （B）

7. 男：你看到社团的通知了吗？这次的演讲题目很有意思，你有时间参加吗？
   女：我还没看到，这次要讲什么？
   男：题目是《我不是"剩女"》。
   女：太好了！这题目像是专门为我设计的一样，一定要参加。
   问：根据对话，我们可以知道什么？ （D）

8. 女：女儿从小就成绩好，很懂事，现在也上大学了，你还有什么可担心的？
   男：她年纪不小了也不谈恋爱，到现在还是单身，我怎么能不着急？
   女：女儿的婚姻是她自己的事，咱们少干涉。
   男：话是这么说，不过女儿一天没结婚，我就一天不放心。
   问：男的在为什么事情担心？ （C）

第9到10题是根据下面一段话：

最近这几年，"剩女"这个词特别流行，指的是年龄比较大的单身女性。"剩女"中，有很多长得漂亮、工作好、收入高的女性，正是因为优秀，她们对婚姻都有比较高的要求。她们认为爱情是婚姻的基础，不会因为年龄大了就随便选择婚姻。

9. 年龄较大的单身女性可能对婚姻有什么态度？ （B）

10. 下面哪项不是"剩女"的特点？ （C）

第十一课 娱乐生活
Lesson 11　Entertainment

课文一　《中国好声音》　🔊 11-1

(Mǎ Xiǎojūn hé Lǐ Bái zài liáotiānr.)
(马小军和李白在聊天儿。)

Mǎ Xiǎojūn: Lǐ Bái, nǐ zhōumò yǒu shénme ānpái?
马小军：李白，你周末有什么安排？

Lǐ Bái: Shàngzhōu gāng kǎowán shì, zhège zhōumò yídìng yào hǎohāor fàngsōng
李白：上周刚考完试，这个周末一定要好好儿放松

yíxià, nǐ yǒu shénme jiànyì?
一下，你有什么建议？

Mǎ Xiǎojūn: Xiǎng bu xiǎng qù KTV chàng gē?
马小军：想不想去KTV唱歌？

Lǐ Bái: Hǎo zhúyi! Wǒ zuìjìn zài kàn yí gè diànshì jiémù, jiào 《Zhōngguó Hǎo
李白：好主意！我最近在看一个电视节目，叫《中国好

Shēngyīn》, tīng nàxiē rén chàng de nàme hǎo, wǒ yě xiǎng chàng gē le.
声音》，听那些人唱得那么好，我也想唱歌了。

Mǎ Xiǎojūn: Zǎo jiù tīngshuō nǐ yǒu yí fù hǎo sǎngzi, zhè cì kěyǐ jiànshi yíxià le.
马小军：早就听说你有一副好嗓子，这次可以见识一下了。

Lǐ Bái: Nǎli nǎli, guòjiǎng le. Wǒ zhǐshì hěn xǐhuan chàng gē, yóuqí shì
李白：哪里哪里，过奖了。我只是很喜欢唱歌，尤其是

Zhōngguó liúxíng gēqǔ.
中国流行歌曲。

马小军：你平时都喜欢听谁的歌？

李白：我最喜欢听周杰伦的歌，他的很多歌我都会唱，他的音乐真的很棒！

马小军：周杰伦是中国年轻人最喜欢的歌手，很多80后、90后都是他的粉丝。

李白：有时候我也会听听老歌，比如邓丽君的歌，《月亮代表我的心》是我学的第一首中文歌。邓丽君的声音特别温柔，让我感觉汉语很美。

马小军：你会唱的歌很多啊，老歌、新歌都能唱。

李白：别忘了，还有我最拿手的法国歌。我还能把法文歌词换成中文歌词，把法语歌改编成中文歌呢。

马小军：李白你太有才了！周末让你做一回麦霸，我们也能大饱耳福了！

Recording Script and Answer Key

听后练习 Exercises

一、请听第一遍课文，选择正确答案。

1. D 2. B 3. A

二、请听第二遍课文，判断对错。

1. √ 2. √ 3. × 4. √

三、请听第三遍课文，回答问题。

1. 李白上周考试了。这个周末他要好好儿放松一下。

2. 周杰伦、邓丽君的歌。

3. 把法文歌词换成中文歌词。

课文二　碎片时间　　11-3

(Lǐ Bái zài Lǐ Sīqí de bàngōngshì.)
（李白在李思齐的办公室。）

Lǐ Bái: Lǐ lǎoshī, nín zài kàn shénme ne?
李白：李老师，您在看什么呢？

Lǐ Sīqí: Wǒ zài kàn xiǎoshuō ne. 《Sān Tǐ》, tīngshuōguo méi? Zuìjìn hěn liúxíng de
李思齐：我在看小说呢。《三体》，听说过没？最近很流行的

yí bù xiǎoshuō, zuòzhě shì Zhōngguó kēhuàn xiǎoshuō de dàibiǎo zuòjiā zhī yī.
一部小说，作者是中国科幻小说的代表作家之一。

Lǐ Bái: Wǒ tīng péngyoumen shuōqiguo, yìzhí xiǎng kànkan, dàn zhè xuéqī kè duō,
李白：我听朋友们说起过，一直想看看，但这学期课多，

shì yě duō, zǒngshì méi shíjiān.
事也多，总是没时间。

Lǐ Sīqí: Wǒ xiànzài dōu shì lìyòng suìpiàn shíjiān dú xiǎoshuō, yī lái shì yì zhǒng
李思齐：我现在都是利用碎片时间读小说，一来是一种

放松，二来也能多读些有趣的书。

李白：什么是"碎片时间"？

李思齐：现在人们把平时生活中的那些零碎时间叫作"碎片时间"，比如上下班坐地铁的时间、在餐厅排队等候的时间、课间休息的时间、在高速公路上堵车的时间，这些都是碎片时间。

李白：这些时间看起来都很短，但如果积累起来，也能读不少书呢。

李思齐：我建议你买个电子书阅读器，平时放在包里，可以利用碎片时间读书。

李白：这真是个好主意，我这就在网上买一个，您以后看到好书记得推荐给我。

李思齐：没问题！你一定会爱上数字阅读的！

Recording Script and Answer Key

听后练习 Exercises

一、请听第一遍课文，选择正确答案。

1. B　2. D　3. D

二、请听第二遍课文，回答问题。

1. 他利用碎片时间读书。
2. 平时生活中的零碎时间。
3. 买个电子书阅读器，平时放在包里，可以利用碎片时间读书。

三、请听第三遍课文，根据你对课文的理解，将下面的语段补充完整，并朗读。

1. 零碎　2. 等候　3. 课间　4. 高速公路　5. 积累

挑战一下吧 Challenge yourself　11-5

一、选择正确答案。

1. 男：天气预报说周末天气不错，要不要出去玩儿？
   女：不去了，快考试了。为了暑假能玩儿得更开心，这个周末我还是在宿舍好好儿复习吧。
   问：女的为什么不出去玩儿？　　　　　　（D）

2. 女：最近有好看的书推荐吗？
   男：你有电子书阅读器吗？给你推荐个网络小说。
   问：男的准备推荐什么书？　　　　　　　（B）

3. 女：听说你又要在今年的国际文化节上表演节目了。准备表演什么？还是小品吗？
   男：今年会来点儿不一样的，我准备唱一首中文歌。
   问：男的准备表演什么节目？　　　　　　（C）

4. 女：周末要不要去KTV？
   男：不去了，大家都是麦霸，去了也只是听歌。
   问：男的为什么不去KTV？　　　　　　　（B）

189

5. 男：给你推荐一首新歌,《小桥》,听过吗?
   女：听过,我昨天逛商场的时候还听到这首歌了。
   问：关于男的推荐的歌,我们可以知道什么? （B）

6. 男：你家住得这么远,上下班来回要多长时间?
   女：每天上下班,在地铁上的时间最少要两个小时。
   男：这样太浪费时间了,还是搬到近点儿的地方吧。
   女：单位附近的房子太贵了。我现在都在地铁上读电子书,把这些碎片时间用起来能多读很多书呢。
   问：关于女的,我们可以知道什么? （D）

7. 女：天天在家里玩儿手机,太无聊了。天气这么好,我们去公园散步怎么样?
   男：周末公园里人肯定很多,还是在家看书舒服。
   女：那我们去看电影吧?最近有不少好看的电影呢。
   男：好吧,我就陪你去吧。
   问：他们准备去做什么? （B）

8. 女：老师布置的作业你做完了吗?
   男：还没开始写。我刚从图书馆出来,老师说的那几本书都被借走了。
   女：你买电子书吧,用手机和电脑都可以看。
   男：好主意!我怎么没想到呢!
   问：关于男的,我们可以知道什么? （D）

第9到10题是根据下面一段话:

电子书阅读器可以用来阅读电子书、电子杂志、电子报纸等等。虽然在大部分情况下,手机和电脑也可以用来看电子书,但是电子书阅读器是专门为了阅读电子书设计的,能保护眼睛,可以根据需要改变字的大小,长时间读书也不容易累。

9. 关于电子书阅读器,我们可以知道什么? （C）

10. 下面哪项是电子书阅读器的特点? （D）

第十二课 租房买房
Lesson 12　Renting or buying a home

课文一　要不要搬到校外去住？　🔊 12-1

（Lǐ Bái hé Zhāng Méng zài liáotiānr.）
（李白和张萌在聊天儿。）

Lǐ Bái: Wǒ zuótiān wǎnshang yòu méiyǒu shuìhǎo.
李白：我昨天晚上又没有睡好。

Zhāng Méng: Wèi shénme?
张萌：为什么？

Lǐ Bái: Zuótiān yí gè hǎojiǔ méi jiàn de tóngxué dào wǒ sùshè lái wánr. Bàn nián qián, wǒ juéde wǒ de Hànyǔ bǐ tā hǎo yìdiǎnr, búguò zhè cì yí jiàn, tā de jìnbù zhēn ràng wǒ chījīng!
李白：昨天一个好久没见的同学到我宿舍来玩儿。半年前，我觉得我的汉语比他好一点儿，不过这次一见，他的进步真让我吃惊！

Zhāng Méng: Shì nǐ qiānxū le ba?
张萌：是你谦虚了吧？

Lǐ Bái: Méiyǒu, wǒ hěn rènzhēn de wènle tā zhège wèntí, yuánlái tā de jìnbù yǔ zhù zài xuéxiào wàibian yǒu hěn dà de guānxi.
李白：没有，我很认真地问了他这个问题，原来他的进步与住在学校外边有很大的关系。

Zhāng Méng: Tā zhù xiào wài a? Búguò, háishi zhù xuéxiào hǎochù duō a, piányi,
张萌：他住校外啊？不过，还是住学校好处多啊，便宜，

191

安全，能在食堂吃饭，宿舍在教室200米以内，等等。

李白： 咱们俩的想法有些不同。住学校好是好，然而也有不足，周围外国学生太多。我这个同学告诉我，他跟一个中国学生一起租了一套公寓，那个中国学生热情，活泼，很喜欢跟他用汉语聊天儿，关键是住在校外有更多说汉语的机会。

张萌： 这么说的话，住到校外确实有好处。

李白： 所以昨晚我睡不着了，考虑来考虑去，想着要不要也搬到校外去住。不过又觉得好麻烦，一是合适的房子不容易找，二是合适的同屋也不容易找。

张萌： 找房子的话，确定好地点以后可以找房屋中介，他们会根据你的要求向你推荐。找中国同屋

dehuà, shēnghuó xíguàn, píqi xìnggé, zhèxiē dōu yào kǎolǜ, néng bu néng
的话，生活 习惯、脾气 性格，这些 都 要 考虑，能 不 能

zhǎodào héshì de jiù yào kàn yùnqi le. Duì le, zhǎo ge hǎo fángdōng yě
找到 合适的就要 看运气 了。对了，找 个 好 房东 也

hěn zhòngyào.
很 重要。

Lǐ Bái: Wǒ yě zhème xiǎng, suǒyǐ yòu xiǎng fàngqì le.
李 白： 我也这么 想， 所以又 想 放弃了。

Zhāng Méng: Wǒ kàn nǐ háishi zài hǎohāor kǎolǜ yíxià ba.
张 萌： 我 看 你 还是 再 好好儿 考虑 一下 吧。

听后练习 Exercises

一、请听第一遍课文，选择正确答案。

1. D 2. D 3. B 4. C

二、请听第二遍课文，判断对错。

1. × 2. √ 3. × 4. √ 5. × 6. √ 7. √ 8. √

三、请听第三遍课文，根据你对课文的理解，将下面的语段补充完整，并朗读。

1. 公寓 2. 活泼 3. 进步 4. 想法 5. 合适 6. 中介 7. 找到
8. 性格 9. 善良

课文二　乔迁之喜 12-3

(Wáng Yǔ hé Mǐ Xuě zài liáotiānr.)
(王 语和米雪在聊天儿。)

Wáng Yǔ: Mǐ Xuě, tīngshuō nǐ bānjiā le.
王 语：米雪， 听说 你 搬家了。

米雪：是啊。之前租的房子有点儿小，小龙大了，他需要一个更宽敞的空间。

王语：房子在小龙学校附近吧？

米雪：对，就在那附近的小区，这样接送孩子方便。小区环境也不错，有一个小广场。一到周末就有好多小朋友在广场上玩儿，小龙挺喜欢这个地方的。

王语：真好！对了，今天找你，是来邀请你的！请你们一家三口周末去我的新家做客。

米雪：您的新家收拾好了？还挺快的。我记得您说您买的是一套二手房，多大面积？

王语：140平米，在八楼，客厅、卧室、卫生间都很宽敞。虽然是二手房，但我特别满意。

录音文本及参考答案
Recording Script and Answer Key

Mǐ Xuě: Èrshǒufáng hé xīn fángzi de jiàgé chà de duō ma?
米 雪：二手房 和新房子的价格差得多 吗？

Wáng Yǔ: Èrshǒufáng jiàgé shāo dī yìdiǎnr.
王 语：二手房 价格 稍 低 一点儿。

Mǐ Xuě: Jiàgé héshì, hùxíng hǎo, jiāotōng fāngbiàn shì zuì zhòngyào de. Xiǎoqū zài nǎr?
米 雪：价格 合适、户型 好、交通 方便 是最 重要 的。小区 在 哪儿？

Wáng Yǔ: Zài xuéxiào dōngbian de Yángguāng Xiǎoqū. Chūmén zuò gōnggòng qìchē, dìtiě tǐng fāngbiàn, fùjìn yě yǒu chāoshì, shāngchǎng. Wǒ duì zhège xiǎoqū zuì mǎnyì de háishi xiǎoqū huánjìng, huācǎo-shùmù tèbié duō, gǎnjué xiàng gè huāyuán.
王 语：在 学校 东边 的 阳光 小区。出门 坐 公共 汽车、地铁 挺 方便，附近也有 超市、 商场。 我 对 这个 小区 最 满意 的 还是 小区 环境， 花草 树木 特别 多，感觉 像 个 花园。

Mǐ Xuě: Wǒ gēn nín xiǎngfǎ yíyàng, xuǎn fángzi jiù yào xuǎn xiǎoqū huánjìng hǎo de.
米 雪：我 跟 您 想法 一样，选 房子 就 要 选 小区 环境 好 的。

Wáng Yǔ: Nà nǐmen quán jiā zhōumò yídìng yào lái a!
王 语：那你们 全 家 周末 一定 要 来 啊！

Mǐ Xuě: Dāngrán, wǒmen kěndìng qù zhùhè nín de qiáoqiān zhī xǐ.
米 雪：当然， 我们 肯定 去 祝贺 您的 乔迁 之 喜。

听后练习 Exercises

一、请听第一遍课文，选择正确答案。

1. A 2. D 3. C

195

二、请听第二遍课文，判断对错。

1. × 2. √ 3. √ 4. × 5. × 6. √ 7. √ 8. ×

三、请听第三遍课文，根据你对课文的理解，将下面的语段补充完整，并朗读。

1. 附近 2. 宽敞 3. 广场 4. 二手房 5. 卧室 6. 户型 7. 超市
8. 花草树木

挑战一下吧　Challenge yourself　🔊 12-5

一、选择正确答案。

1. 男：你好，是花园路房屋中介吗？
   女：是的，很高兴为您服务。请问您是要租房，还是买房？
   问：关于女的，下面正确的是哪项？　　　　（D）

2. 男：我拿到新家的钥匙了，你看！
   女：太好了！下班咱们一起过去看看。咱们好好儿设计一下，一定要把这个家装修得漂漂亮亮的。
   问：女的是什么意思？　　　　（B）

3. 女：阳光小区的房子听说不错，我想去看看。
   男：那儿交通方便，小区环境也不错。不过早就没有新房子了，都卖光了，要买只能买二手房。
   问：男的是什么意思？　　　　（D）

4. 女：王老师，周末有空儿吗？我想邀请您来新家做客。
   男：没问题，我一定去祝贺你们的乔迁之喜。
   问：下面正确的是哪项？　　　　（B）

5. 男：小李，我现在到你们小区了，不过忘了你家在几号楼。
   女：8号楼，就是从小区东门进来往前走的第二座楼，3单元802室。我现在就去楼下接你。
   问：关于女的，下面正确的是哪项？　　　　　（D）

6. 女：你好！你们这儿有没有花园小学附近的房子出租？
   男：有，花园小学附近出租的房子很多。是孩子上学住吗？
   女：对，下学期就来这儿上一年级。我们一家三口住，两室一厅就可以。
   男：您看这套怎么样？家具全，干净宽敞。这儿有照片，您先看看。
   问：下面正确的是哪项？　　　　　　　　　（B）

7. 女：这套房子面积比较合适，户型还可以，家具也比较新，我们挺满意的。房租多少？
   男：房东说6500块一个月。
   女：比这里其他房子可是贵了不少。
   男：是啊，主要是这个房子是刚刚装修的，住着舒服。这样吧，我再联系一下房东，看能不能降降价。
   问：关于这套房子，下面正确的是哪项？　　　（C）

8. 女：你们这个小区我是看中了，不过大小合适的房子还有没有呢？
   男：现在就只剩10多套房子了。大部分是小户型的，100平米以下的对您来说小不小？
   女：我们家有两个孩子，100平米的面积恐怕是有点儿小。我想买三室两厅的。
   男：正好还剩两套140平米左右的房子，一套在一楼，一套在顶楼。我们可以先去看看，您再选。
   问：下面正确的是哪项？　　　　　　　　　（D）

第 9 到 10 题是根据下面一段话：

现在许多人都想有一套宽敞、舒服的房子。作为一名购房人，我已经买到了自己理想的住房，有几条买房经验想跟大家分享。第一，估计一下自己生活需要的空间，根据自己的经济能力购房；第二，要多看房，特别是要多看新房附近的环境；第三，购房时，要认真检查买房手续。

9. 关于说话人，我们可以知道什么？　　　　　　　　（ C ）

10. 根据这段话，下面正确的是哪项？　　　　　　　　（ C ）

第十三课　智能生活
Lesson 13　Smart living

课文一　人脸识别　🔊 13-1

(Mǎ Xiǎojūn hé Lǐ Bái zài fànguǎnr chīwánle fàn.)
（马小军和李白在饭馆儿吃完了饭。）

Mǎ Xiǎojūn: Fúwùyuán, jiézhàng.
马　小军：服务员，结账。

Lǐ Bái: Děng yíxià, jīntiān wǒ qǐngkè.
李　白：等一下，今天我请客。

Mǎ Xiǎojūn: Zěnme zhème kèqi?
马　小军：怎么这么客气？

Lǐ Bái: Yīnggāi de, shàng cì shì nǐ qǐng de wǒ, érqiě wǒ gāng mǎile xīn shǒujī,
李　白：应该的，上次是你请的我，而且我刚买了新手机，

zhènghǎo kěyǐ shìshi zhège rénliǎn shíbié fù kuǎn.
正好可以试试这个人脸识别付款。

Mǎ Xiǎojūn: Rénliǎn shíbié? À, wǒ zài wǎng shang kànguo tā de jièshào, hái tǐng yǒu
马　小军：人脸识别？啊，我在网上看过它的介绍，还挺有

yìsi de. Nǐ de shǒujī yǒu zhège gōngnéng ma?
意思的。你的手机有这个功能吗？

Lǐ Bái: Duì, shǒujī li cúnle wǒ de liǎnbù xìnxī, yòng lái dàng fù kuǎn mìmǎ.
李　白：对，手机里存了我的脸部信息，用来当付款密码。

Mǎ Xiǎojūn: Nǐ kuài qù shìshi, kànkan néng bu néng chénggōng?
马　小军：你快去试试，看看能不能成功？

李白：你看，几秒就完成付款了！很方便吧？

马小军：方便是方便，不过人脸识别安全吗？比如说，你睡觉的时候，有人利用你的脸打开你的手机，怎么办呢？

李白：放心吧，人脸识别的技术水平很高，你睡觉的时候是无法成功识别的。

马小军：看来这种技术还是比较安全的。对了，我听说，最近警察通过人脸识别技术，抓到了已经逃跑很久的坏人呢。

李白：现在人脸识别这样的人工智能能帮我们完成很多工作。很多以前做梦都不敢想的事，现在都可以由人工智能完成。

马小军：随着科技的发展，咱们的生活变得越来越方便。

Rúguǒ yǒu yì tiān, zánmen xuéxiào de sùshè, shítáng, túshūguǎn dōu kěyǐ
如果有一天，咱们学校的宿舍、食堂、图书馆都可以

yòngshang réngōng zhìnéng jìshù, nà jiù tài hǎo le.
用上人工智能技术，那就太好了。

Lǐ Bái: Wǒ juéde lí zhè yì tiān bù yuǎn le.
李白：我觉得离这一天不远了。

听后练习 Exercises

一、请听第一遍课文，选择正确答案。

1. A　2. C　3. D

二、请听第二遍课文，判断对错。

1. ×　2. √　3. ×　4. ×　5. √

三、请听第三遍课文，回答问题。

1. 几秒就能完成付款。

2. 脸部信息。

3. 帮人们付款、抓逃跑的坏人等。

课文二　扫地机器人　13-3

(Wáng Yǔ hé Mǐ Xuě zài liáotiānr.)
（王语和米雪在聊天儿。）

Mǐ Xuě: Wáng lǎoshī, nín zài máng shénme?
米雪：王老师，您在忙什么？

Wáng Yǔ: Wǒ zài wǎnggòu ne. Wǒ dǎsuàn mǎi yí ge "jiāwù xiǎo bāngshou".
王语：我在网购呢。我打算买一个"家务小帮手"。

Mǐ Xuě: Shénme "jiāwù xiǎo bāngshou"?
米雪：什么"家务小帮手"？

201

Wáng Yǔ: Jiù shì sǎodì jīqìrén.
王 语：就是扫地机器人。

Mǐ Xuě: Sǎodì jīqìrén? Tīng qǐlai shì gāokējì a.
米 雪：扫地机器人？听起来是高科技啊。

Wáng Yǔ: Tā zhǎng de xiàng yí gè yuányuán de pánzi, kěyǐ zìdòng sǎodì. Tā néng wánchéng quánbù gōngzuò, nǐ zhǐ xūyào shūshufūfū de tǎng zài shāfā shang xiūxi jiù xíng le.
王 语：它长得像一个圆圆的盘子，可以自动扫地。它能完成全部工作，你只需要舒舒服服地躺在沙发上休息就行了。

Mǐ Xuě: Zhè zhēn néng jiéyuē bù shǎo shíjiān ne. Kěshì shuō shíhuà, wǒ juéde tā jiù shì yí gè jīqì, zěnme néng bǐ rén sǎo de gānjìng?
米 雪：这真能节约不少时间呢。可是说实话，我觉得它就是一个机器，怎么能比人扫得干净？

Wáng Yǔ: Nǐ kě bié xiǎokàn tā. Tā kěyǐ zìdòng shíbié nǐ de fángjiān, ānpái zuì hélǐ de dǎsǎo lùxiàn. Dǎsǎo fángjiān de shíhou, tā hái néng pànduàn qiánmiàn shìfǒu yǒu qiáng huòzhě jiājù děng zhàng'ài, bìngqiě zìdòng gǎibiàn fāngxiàng. Gèng lìhai de shì, nǐ bú zài jiā de shíhou, hái kěyǐ tōngguò shǒujī shang de zhìnéng ruǎnjiàn kòngzhì jīqìrén dǎsǎo fángjiān ne.
王 语：你可别小看它。它可以自动识别你的房间，安排最合理的打扫路线。打扫房间的时候，它还能判断前面是否有墙或者家具等障碍，并且自动改变方向。更厉害的是，你不在家的时候，还可以通过手机上的智能软件控制机器人打扫房间呢。

Mǐ Xuě: Zhème lìhai a! Wǒ lái shàngwǎng chá yíxià. Āi, nǐ kàn zhège
米 雪：这么厉害啊！我来上网查一下。哎，你看这个

Recording Script and Answer Key

shìpín, xiǎo gǒu zhèng zuò zài jīqìrén shàngmiàn qù gègè fángjiān
视频，小狗 正 坐在机器人 上面 去各个 房间

cānguān ne.
参观 呢。

Wáng Yǔ: Zhè hái chéngle yì zhǒng wánjù! Búcuò, háizimen yě yídìng hěn xǐhuan.
王 语：这还 成了一 种 玩具！不错，孩子们也一定很 喜欢。

Mǐ Xuě: Tīng nǐ zhème yì shuō, wǒ yě dǎsuàn mǎi yì tái sǎodì jīqìrén le.
米 雪：听 你这么一 说，我也 打算 买一台扫地机器人了。

听后练习 Exercises

一、请听第一遍课文，选择正确答案。

1. C 2. B 3. C

二、请听第二遍课文，回答问题。

1. 扫地机器人。

2. 长得像一个圆圆的盘子。

3. 可以自动扫地，自动识别房间，安排最合理的打扫路线，判断前面是否有障碍，并且自动改变方向等。

三、请听第三遍课文，根据你对课文的理解，将下面的语段补充完整，并朗读。

1. 自动 2. 判断 3. 家具 4. 手机 5. 软件

挑战一下吧 Challenge yourself 13-5

一、选择正确答案。

1. 男：这个小机器人真有意思，你在哪儿买的？
   女：不是我买的，是我叔叔从法国带回来的。
   问：机器人是谁送的？   （D）

2. 女：这个包里是什么？
   男：是我从网上给你买的礼物，新款智能手机，你一定喜欢。
   问：下面正确的是哪项？　　　　　　　　　　　　（B）

3. 男：你好，请问这是什么？可以介绍一下吗？
   女：先生您好，这是洁面仪，它不仅能让脸洗得更干净，还能保护皮肤。
   问：关于洁面仪的好处，下面正确的是哪项？　　　（C）

4. 女：你的手表看起来很特别啊。
   男：这不是普通的手表。你看，除了时间，上面还有天气预报和我的健康情况。
   问：这个手表怎么样？　　　　　　　　　　　　　（D）

5. 男：我发现你的照片都特别好看。
   女：那是因为我有一个好的拍照软件，可以让眼睛看起来更大，让身材看起来更好。
   问：女的的照片好看的原因是什么？　　　　　　　（D）

6. 男：这个周末有时间吗？来我家打网球吧。
   女：你家里哪儿有地方打网球？
   男：我买了一台智能游戏机，可以在家里打网球，和在网球场一样。
   女：真的吗？那我要去试试。
   问：关于男的，我们可以知道什么？　　　　　　　（C）

7. 女：小明，你的手机能借我一下吗？我的没电了。
   男：给你。
   女：你的手机密码是多少？
   男：我没有密码，但使用了人脸识别，它只认识我的脸。
   问：根据对话，我们可以知道什么？　　　　　　　（D）

8. 男：你认为以后普通人会和机器人结婚吗？
   女：我觉得不会。无论科技怎么发展，机器人都无法有人类的感情。你觉得呢？
   男：机器人虽然不一定会有人类的感情，但人类可能会爱上机器人。
   女：你说得也有道理。
   问：男的是什么意思？　　　　　　　　　　　　　　（A）

第9到10题是根据下面一段话：

随着科技的发展，人工智能让我们的生活变得越来越方便。通过人工智能，家里的空调、冰箱、电视、洗衣机等，都可以远距离控制。比如在夏天，当你还在回家的路上时，就可以先用手机软件打开家里的空调，这样你一回到家，就能马上感觉到凉快了。

9. 根据这段话，智能家电的优点是什么？　　　　　　（C）

10. 如果在夏天使用智能家电，什么时候就能开空调？　（A）

第十四课 共享时代

Lesson 14　The age of sharing

课文一　共享单车　🔊 14-1

(Lǐ Sīqí yǔ Wáng Yǔ zài xuéxiào shítáng.)
(李思齐与王语在学校食堂。)

Lǐ Sīqí: Wáng lǎoshī, nǐ hǎo, dōu shí'èr diǎn bàn le, nǐ zěnme cái lái shítáng?
李思齐：王老师，你好，都十二点半了，你怎么才来食堂？

Wáng Yǔ: Nǐ hǎo, Lǐ lǎoshī. Xuéshēng xiàkè hòu wènle yìxiē wèntí, shuōzhe shuōzhe jiù bǎ shíjiān wàng le.
王　语：你好，李老师。学生下课后问了一些问题，说着说着就把时间忘了。

Lǐ Sīqí: Nà nǐ gǎnkuài chī fàn ba, xiàwǔ hái yǒu kè ma?
李思齐：那你赶快吃饭吧，下午还有课吗？

Wáng Yǔ: Wǒ xiàwǔ liǎng diǎn yǒu kè, chīwán fàn qí chē huíqu shāowēi xiūxi yíhuìr.
王　语：我下午两点有课，吃完饭骑车回去稍微休息一会儿。

Lǐ Sīqí: Nǐ huì qí zìxíngchē le? Xué de zhēn kuài!
李思齐：你会骑自行车了？学得真快！

Wáng Yǔ: Yīnwèi xiànzài gòngxiǎng dānchē tài fāngbiàn le, sǎo èrwéimǎ jiù néng qí, hái búyòng dānxīn dǔchē, jì jiénéng yòu huánbǎo.
王　语：因为现在共享单车太方便了，扫二维码就能骑，还不用担心堵车，既节能又环保。

Lǐ Sīqí: Shìde, érqiě shǒujī shang hái yǒu dìtú, zhíjiē gàosu nǐ zěnme zǒu, yě
李思齐：是的，而且手机上还有地图，直接告诉你怎么走，也

206

不用担心迷路了。

王语： 是啊，因此现在到处都能见到排列整齐的共享单车停在路边，用的人也特别多。

李思齐： 不过，共享单车在带来方便的同时，也带来了一些麻烦。比如我上次开车去加油站的时候，就有一辆共享单车停在入口，我不得不下车把它推走。

王语： 乱停乱放确实是一个问题。听说现在有一个活动，如果人们能把共享单车停在规定的地点，就可以得到奖金。

李思齐： 这个办法不错！时间不早了，你快回去休息吧。

王语： 好的，下午见！

听后练习 Exercises

一、请听第一遍课文，选择正确答案。

1. D   2. C   3. D

二、请听第二遍课文，判断对错。

1. ✗ 2. ✗ 3. ✓ 4. ✓ 5. ✓ 6. ✗

三、请听第三遍课文，回答问题。

1. 学生下课以后问了一些问题。

2. 地图。不用担心迷路。

3. 把车停在规定的地点，可以得到奖金。

课文二　共享衣柜　🔊 14-3

（Zhāng Méng hé Mǐ Xuě zài sùshè liáotiānr.）
（张萌和米雪在宿舍聊天儿。）

米雪： Zhāng méng, wǒ fāxiàn nǐ zuìjìn gǎibiàn chuānyī fēnggé le.
张萌，我发现你最近改变穿衣风格了。

张萌： Shì ma? Kuài shuōshuo, wǒ jiūjìng yǒu shénme biànhuà?
是吗？快说说，我究竟有什么变化？

米雪： Nǐ yǐqián chuān de bǐjiào xiàng gè xuéshēng, xiànzài chuān de gèng chéngshú le. Wǒ juéde xiànzài zhèyàng gèng shìhé nǐ.
你以前穿得比较像个学生，现在穿得更成熟了。我觉得现在这样更适合你。

张萌： Nà tài hǎo la! Kànlái wǒ shìle zhème duō cì, zhōngyú zhǎodào zìjǐ de fēnggé le.
那太好啦！看来我试了这么多次，终于找到自己的风格了。

米雪： Zhè jǐ tiān méi kànjiàn nǐ qù shāngchǎng, nǐ shénme shíhou shì de
这几天没看见你去商场，你什么时候试的

衣服呀？

张 萌： 你不知道了吧？看，这是我新发现的一个手机软件，叫共享衣柜。只要交一定的费用作为押金，我们就能从上面选自己喜欢的衣服了。选好的衣服被装在盒子里寄过来，七天内再用这个盒子寄回去就可以了。

米 雪： 我只知道有共享单车，现在衣柜也能共享了？

张 萌： 当然了，现在共享经济很火，什么共享汽车、共享充电宝，据说还有共享篮球、共享办公室等。只要你能想到，大大小小的东西都能共享。

米 雪： 这太方便了！我正担心下周的会议没有合适的衣服呢，买一件那么贵，不如就在这个软件上选

张 萌：可以啊。不过共享衣柜里适合正式场合的衣服比较少，我觉得还是买一套吧，以后总有穿的机会。

米 雪：有道理。明天下午你有空儿吗？能不能陪我出去逛逛？

张 萌：没问题。

米 雪：这个软件我也要下载，我太好奇了，一定要试试看。

听后练习 Exercises

一、请听第一遍课文，选择正确答案。

1. D 2. B 3. D

二、请听第二遍课文，回答问题。

1. 交了押金以后，从上面选自己喜欢的衣服。选好的衣服会装在盒子里寄过来，七天内再用这个盒子寄回去。
2. 通过共享一些物品或空间，方便大家的一种经济模式。
3. 要买。因为共享衣柜里适合正式场合的衣服比较少。

三、请听第三遍课文，根据你对课文的理解，将下面的语段补充完整，并朗读。

1. 风格 2. 费用 3. 押金 4. 盒子 5. 过来 6. 内 7. 火 8. 不如

挑战一下吧　Challenge yourself　　14-5

一、选择正确答案。

1. 男：你怎么才回来？赶快吃晚饭吧。
   女：我今天第一天去新公司上班，回来的时候迷路了。
   问：女的为什么回来晚了？　　　　　　　　（B）

2. 女：你好，我想用这辆共享单车，可是不知道怎么用，你能教教我吗？
   男：很简单，打开支付宝扫二维码，然后就可以用了。
   问：要使用这辆共享单车，应该先怎么做？　　（A）

3. 男：你今天开车来上班了？下班的时候能不能带上我？
   女：可以啊，不过我得先去加油站。
   问：女的的车怎么了？　　　　　　　　　　（D）

4. 女：最近听说这部电影特别火，星期六我们一起去看吧？
   男：火不一定就是好。上次我们看的那部电影也挺火，可我觉得没什么意思。
   问：女的为什么想看这部电影？　　　　　　（A）

5. 男：你好，我想租这辆车，请问三天的费用是多少？
   女：您好，先生，租这辆车的押金是一万块，每天的费用是两百块。
   问：男的应该给女的多少钱？　　　　　　　（D）

6. 男：你不是想学骑自行车吗？
   女：是啊，可是我觉得现在路上车很多，骑车太危险了。
   男：也对，那你就每天开车上班吧，更快，也更方便。
   女：我已经很长时间没开过车了，不如你送我吧。
   问：女的想怎么上班？　　　　　　　　　　　（A）

7. 女：我们该走了，你叫车了吗？
   男：叫了，我叫了一辆出租车。
   女：你也在用这个打车的软件吗？
   男：是啊，这个软件特别方便，现在非常火。
   问：关于这个软件，我们可以知道什么？　　　（B）

8. 女：已经十二点了，你怎么还不睡觉？
   男：这本小说太有意思了。
   女：你可以先睡觉，明天早上再看。
   男：就快看完了，我很好奇最后会发生什么。
   问：男的为什么不睡觉？　　　　　　　　　　（D）

第9到10题是根据下面一段话：

老王和一辆出租车司机商量好每天早上七点来接他上班，可是司机经常迟到。这一天，司机又迟到了十几分钟，他对老王说："我的车在加油站出问题了。"老王回答："恐怕你得换一辆车了，否则，我要换一个人一起上班了。"

9. 关于司机，我们可以知道什么？　　　　　　（D）

10. 老王的话是什么意思？　　　　　　　　　　（C）

第十五课　两代之间

Lesson 15　Between two generations

课文一　不想让孩子输在起跑线上　🔊 15-1

(Wáng Yǔ hé Lǐ Sīqí zài jiàoshī cāntīng.)
（王语和李思齐在教师餐厅。）

Wáng Yǔ: Nín hǎo, duì, wǒ shì Xiǎoměi māma. Shìde, wǒ háizi jīnnián liǎng suì duō.
王　语：您好，对，我是小美妈妈。是的，我孩子今年两岁多。

Wǒ hái méi xiǎnghǎo yào bu yào ràng tā shàng zǎojiàokè, yǒu shíjiān dehuà,
我还没想好要不要让她上早教课，有时间的话，

wǒ huì dài tā qù shì tīng, zài zuò juédìng, xièxie!
我会带她去试听，再做决定，谢谢！

Lǐ Sīqí: Yòu shì zǎojiàokè de tuīxiāo diànhuà ba? Wǒ kàn nǐ zuìjìn chángcháng jiēdào
李思齐：又是早教课的推销电话吧？我看你最近常常接到

zhè lèi diànhuà, shì zhǔnbèi gěi háizi bàomíng ma?
这类电话，是准备给孩子报名吗？

Wáng Yǔ: Wǒ hái méi xiǎnghǎo. Zhīqián běnlái bù xiǎng bàomíng, dànshì tīngshuō hěn duō
王　语：我还没想好。之前本来不想报名，但是听说很多

fùmǔ ràng háizi shàng zǎojiàokè, shuō duì háizi gè fāngmiàn de fāzhǎn dōu
父母让孩子上早教课，说对孩子各方面的发展都

huì yǒu bāngzhù. Wǒ bù xiǎng ràng háizi shū zài qǐpǎoxiàn shang, yúshì
会有帮助。我不想让孩子输在起跑线上，于是

shàngzhōumò jiù zài wǎng shang liǎojiěle yíxià jǐ ge zǎojiàobān de
上周末就在网上了解了一下几个早教班的

213

情况，之后就不停地接到他们的电话，我不好意思

拒绝，就只好带孩子去试听。

李思齐：在中国，好像很多父母都有这种想法，不想

让孩子输在起跑线上，所以现在的孩子在妈妈肚子

里就开始接受教育了，早教的生意也越来越好做。

王语：是啊，看别人家的孩子报名了，怕自己孩子落后，就也

得报名。孩子累，父母更累！这个过程就像跑一

场马拉松，只要醒着，就要努力向前跑。

李思齐：其实，现在很多早教课都说参考了欧美教育经验，

但我问过很多来自欧美国家的学生，他们小时候

基本都没上过什么早教课。

王语：确实，不同国籍的学生对这个问题的回答都不太

一样。一般欧美国家的孩子小时候基本都是快乐地

游戏；而亚洲国家的孩子一般竞争压力比较大，大部分都上过辅导班。

李思齐：过早地让孩子在教室里接受教育，不符合孩子的特点，也不符合教育的规律。孩子们都爱玩儿，带他们接触自然、跟他们做游戏就是最好的教育方式。

王语：你说得有道理。花钱让孩子上早教课，还不如多花些时间陪陪他们。

听后练习 Exercises

一、请听第一遍课文，选择正确答案。

1. D 2. D 3. A

二、请听第二遍课文，判断对错。

1. × 2. × 3. × 4. √

三、请听第三遍课文，回答问题。

1. 她在网上了解了一下几个早教班的情况，之后就不停地接到他们的电话。她还没想好要不要给孩子报名。
2. 不想让孩子输在起跑线上。
3. 欧美国家的孩子小时候基本都是快乐地游戏，亚洲国家的孩子一般竞争压力比较大，大部分都上过辅导班。
4. 带孩子接触自然，跟他们做游戏。

课文二 父母的唠叨 15-3

(Mǎ Xiǎojūn hé Zhāng Méng zài liáotiānr.)
（马小军和张萌在聊天儿。）

Mǎ Xiǎojūn: Zhāng Méng, gānggāng gěi nǐ dǎ diànhuà yìzhí zhànxiàn.
马 小军：张萌，刚刚给你打电话一直占线。

Zhāng Méng: Wǒ gānggāng gēn māma tōng diànhuà ne. Cóng wǒ shàng dàxué kāishǐ,
张 萌：我刚刚跟妈妈通电话呢。从我上大学开始，

měi ge zhōumò wǒ dōu huì gēn māma dǎ bàn xiǎoshí diànhuà.
每个周末我都会跟妈妈打半小时电话。

Mǎ Xiǎojūn: Nǐ kě zhēn shì ge guāiguāinǚ. Wǒ hé fùmǔ tōng diànhuà, dōu bú huì
马 小军：你可真是个乖乖女。我和父母通电话，都不会

chāoguò wǔ fēnzhōng. Tāmen zǒngshì láodao, fānlái-fùqù jiǎng yíyàng
超过五分钟。他们总是唠叨，翻来覆去讲一样

de huà.
的话。

Zhāng Méng: Zhīqián wǒ yě juéde fùmǔ láodao, kě zhǎngdà hòu, yuèláiyuè gǎnjué
张 萌：之前我也觉得父母唠叨，可长大后，越来越感觉

zhèxiē láodao li dōu shì mǎnmǎn de ài.
这些唠叨里都是满满的爱。

Mǎ Xiǎojūn: Wǒ yě zhīdào fùmǔ de láodao dōu shì duì wǒ de guānxīn, kě yǒushíhou
马 小军：我也知道父母的唠叨都是对我的关心，可有时候

zhēn gǎnjué gēn tāmen méi shénme kě liáo de, tiāntiān dōu shì yíyàng de
真感觉跟他们没什么可聊的，天天都是一样的

huà, ànshí chī fàn, zǎo diǎnr shuìjiào, hǎohāor tīngkè, hǎohāor xuéxí
话，按时吃饭、早点儿睡觉、好好儿听课、好好儿学习

什么的，太没意思了。

张萌：其实，你可以跟父母多聊聊自己生活中的新鲜事。比如，学校宿舍门口装了刷脸的机器，刷脸成功才能进门；再比如，食堂推出了黑暗料理——香蕉咖喱饭，校园招聘会上有人找到了收入很高的工作。让他们也了解了解你的大学生活。

马小军：对啊，我怎么没想到跟父母聊这些呢？

张萌：还有，你也可以问问他们生活中的新鲜事，听他们说说最近有没有涨工资，学了什么新的广场舞，附近的超市里推出了什么打折活动，电视剧里面哪个女演员更漂亮，邻居阿姨的女儿找了什么样的男朋友……

马小军：最后这个还是算了，不然我父母又得催我找

nǚpéngyou le.
女朋友 了。

Zhāng Méng: Zǒngzhī, duō gēn fùmǔ fēnxiǎng shēnghuó zhōng de diǎndiǎndīdī, duō
张　　萌：总之，多 跟 父母 分享　生活　中 的 点点滴滴，多

tīngting tāmen de láodao, yě shì yí jiàn hěn xìngfú de shì.
听听　他们 的 唠叨，也 是 一 件 很 幸福 的 事。

听后练习 Exercises

一、请听第一遍课文，选择正确答案。

1. C   2. C   3. D

二、请听第二遍课文，回答问题。

1. 父母总是唠叨，翻来覆去讲一样的话。
2. 生活中的新鲜事。比如，学校宿舍门口装了刷脸的机器，食堂推出了黑暗料理等。
3. 最好不要聊邻居阿姨的女儿找了什么样的男朋友这个话题。因为他的父母会催他找女朋友。

三、请听第三遍课文，根据你对课文的理解，将下面的语段补充完整，并朗读。

1. 新鲜事 2. 宿舍 3. 刷脸 4. 推出 5. 招聘会 6. 收入 7. 总之
8. 点点滴滴

挑战一下吧　Challenge yourself　15-5

一、选择正确答案。

1. 女：你家孩子上早教课了吗？最近报名很合适，买20节课，送5节课。
   男：孩子还这么小，应该好好儿玩儿，我不打算让孩子上早教课。
   问：男的为什么不打算给孩子报名早教课？　　　（D）

2. 男：真羡慕你，女儿这么优秀，一下子就考上了北京大学！
   女：谢谢！这都是她自己努力的结果。
   问：男的为什么羡慕女的？　　　　　　　　　　　（C）

3. 男：暑假结束后，女儿就该上高中了。要不要让她在假期上辅导班，提前适应一下？
   女：别给孩子这么大压力。我想利用这个暑假，带她出去旅游，好好儿玩儿玩儿。
   问：根据对话，下面正确的是哪项？　　　　　　　（D）

4. 男：这是最近校园招聘的一些资料，我都整理好了，你多了解了解。
   女：太感谢了，你真够朋友！
   问：根据对话，我们可以知道什么？　　　　　　　（C）

5. 男：我上大学之后，跟父母的交流就越来越少了，每次跟他们打电话都不知道该聊什么。
   女：聊聊生活中的新鲜事，让他们了解一下你的大学生活。
   问：女的建议男的跟父母聊什么？　　　　　　　　（B）

6. 女：今年暑假轻松多了，终于不用每天送孩子上辅导班了。
   男：你终于想明白了。孩子这么小，假期就让他好好儿放松一下，上这么多辅导班太累了！
   女：不是我想明白了，是国家规定，怕中小学生学习压力太大，学校假期不可以开辅导班。
   男：那太好了！不然你看到别人家的孩子报名了，肯定也得给自己的孩子报名。孩子累，父母更累。
   问：今年暑假，女的为什么不用送孩子上辅导班了？（D）

7. 男：谢谢你上次给我的建议。现在我每次给父母打电话都会聊聊我大学生活中的新鲜事，不会觉得没话可说了。

   女：不客气。说说看你都跟父母聊了些什么。

   男：聊得最多的就是班里的同学。每个人都有不同的性格，做事的风格也各不相同，每天都有很多故事。

   女：多和父母交流，他们一定会更理解咱们这代年轻人。

   问：关于男的，我们可以知道什么？　　　　　　　　　（C）

8. 女：不知道为什么，女儿最近脾气越来越大，不管我说什么，她都跟我对着来。

   男：她不是个小孩子了，不会什么都听我们的。现在她长大了，很多事都有自己的想法。

   女：可在我心里，她还只是个孩子，我总担心她会做错事、走错路。

   男：我们不可能一直保护她，要早点儿培养她自己解决问题的能力，不能什么事都帮她做决定。

   问：男的认为应该怎样对待女儿？　　　　　　　　　　（D）

第9到10题是根据下面一段话：

   说话是门艺术，话要好好儿说。一个家的幸福也要从好好儿说话开始。对父母，要多点儿理解，多听听他们的唠叨，常常与他们分享生活的点点滴滴；对孩子，夸奖比批评更重要。有研究证明，常被夸奖的孩子更加自信，而常被批评的孩子更容易怀疑自己。

9. 下面哪项不是对待父母要注意的问题？　　　　　　　（B）

10. 对待孩子，怎么做到"好好儿说话"？　　　　　　　　（B）

第十六课 就业问题
Lesson 16 Employment

课文一　干什么都不容易　🔊 16-1

(Mǎ Xiǎojūn zài gěi māma dǎ diànhuà.)
（马 小军 在给妈妈打 电话。）

Mǎ Xiǎojūn: Wèi, mā, nín zhǎo wǒ shénme shì?
马 小军：喂，妈，您 找 我 什么 事？

māma: Méi shénme shì, jiù shì xiǎng wènwen nǐ zuìjìn zěnmeyàng. Nǐ hǎo cháng
妈妈： 没 什么 事，就 是 想 问问 你 最近 怎么样。你 好 长

shíjiān méi gěi jiāli dǎ diànhuà le.
时间 没给 家里 打 电话 了。

Mǎ Xiǎojūn: Wǒ mángzhe zhǎo gōngzuò ne, měi tiān bú shì fā yóujiàn, jiù shì zhǔnbèi
马 小军：我 忙着 找 工作 呢，每 天 不是 发 邮件，就 是 准备

yìngpìn cáiliào, jiù méi gēn nín hé bà liánxì.
应聘 材料，就 没 跟 您 和 爸 联系。

māma: Nà zhǎo de zěnmeyàng? Yǒu héshì de ma?
妈妈： 那 找 得 怎么样？有 合适 的 吗？

Mǎ Xiǎojūn: Hái méiyǒu, wǒ xiǎng qù de gōngsī dōu yāoqiú yǒu yì nián de gōngzuò
马 小军：还 没有，我 想 去 的 公司 都 要求 有 一年 的 工作

jīngyàn. Wǒ hái méi bìyè, nǎr lái de yì nián gōngzuò jīngyàn? Nàxiē
经验。我还没毕业，哪儿来的一年 工作 经验？那些

tiáojiàn yìbān de, wǒ yòu bú tài xiǎng qù, gōngzī, jiǎngjīn dōu tài dī le.
条件 一般 的，我又不太 想 去，工资、奖金 都 太低了。

妈妈：不要只考虑收入，如果能够积累经验，有好的发展，就可以先干着。

马小军：好吧。妈，您找工作的时候也这么难吗？

妈妈：我那时候都是学校安排工作，不用自己找。不过工作很辛苦，每天加班，常常出差，一周最多休息一天。

马小军：我还记得小时候等您下班，常常困得头都抬不起来。有一次我真的睡着了，第二天一早您又出门上班去了，我当时可伤心了。

妈妈：是啊，所以说不管哪个年代，工作对每个人来说都不是一件容易的事。

马小军：妈，万一找不到工作，我去读个法律专业的硕士吧。毕业以后当个律师，到时候一定特别让您骄傲。

māma: 妈妈:	Rúguǒ lǜshī quèshí shì nǐ lǐxiǎng de zhíyè, zhèyàng dāngrán hěn hǎo, 如果 律师 确实 是 你 理想 的 职业，这样 当然 很 好，
	dànshì rúguǒ nǐ dú yánjiūshēng zhǐshì bàozhe jiǎnqīng xiànzài jiùyè yālì 但是 如果 你 读 研究生 只是 抱着 减轻 现在 就业 压力
	de xiǎngfǎ, wǒ bù zhīchí. 的 想法，我 不 支持。
Mǎ Xiǎojūn: 马 小军:	Mā, wǒ xiànzài zhēn de yālì hěn dà, jìngzhēng shízài tài jīliè le. 妈，我 现在 真 的 压力 很大，竞争 实在 太 激烈 了。
māma: 妈妈:	Háizi, gàn shénme dōu bù róngyì. Nǐ cái gānggāng bìyè, yǒu yìxiē bú 孩子，干 什么 都 不 容易。你 才 刚刚 毕业，有 一些 不
	shùnlì hěn zhèngcháng, búyào hàipà miànduì kùnnan. 顺利 很 正常，不要 害怕 面对 困难。
Mǎ Xiǎojūn: 马 小军:	Hǎo ba, mā, wǒ dǒng nín de yìsi. 好 吧，妈，我 懂 您 的 意思。

听后练习 Exercises

一、请听第一遍课文，选择正确答案。

1. D 2. C 3. D

二、请听第二遍课文，判断对错。

1. √ 2. √ 3. √ 4. × 5. √ 6. √

三、请听第三遍课文，回答问题。

1. 发邮件，准备应聘材料。

2. 工作是学校安排的。

3. 如果律师确实是马小军理想的职业，他妈妈会支持；如果马小军读研究生只是为了减轻就业压力，他妈妈不支持。

课文二 马小军面试

(Mǎ Xiǎojūn zài cānjiā yì jiā bàoshè de miànshì.)
(马小军在参加一家报社的面试。)

面试官: Qǐng jiǎndān jièshào yíxià nǐ zìjǐ.
请简单介绍一下你自己。

马小军: Gè wèi lǎoshī zǎoshang hǎo, shǒuxiān fēicháng gǎnxiè gè wèi néng gěi wǒ zhè cì miànshì de jīhuì. Wǒ jiào Mǎ Xiǎojūn, láizì Shāndōng Dàxué Wénxuéyuàn, xiànzài shì dàxué sì niánjí de xuéshēng.
各位老师早上好,首先非常感谢各位能给我这次面试的机会。我叫马小军,来自山东大学文学院,现在是大学四年级的学生。

面试官: Nǐ wèi shénme xuǎnzé lái wǒmen bàoshè?
你为什么选择来我们报社?

马小军: Dāng yì míng jìzhě yìzhí shì wǒ de zhíyè lǐxiǎng, zhè yě shì wǒ dàxué xuǎnzé Zhōngwén zhuānyè de yuányīn. Dàxué èr niánjí de shǔjià, wǒ zài guì shè shíxíguo, dāngshí guì shè Wáng jìzhě shì wǒ de lǎoshī. Tā ràng wǒ míngbaile jìzhě de zérèn shì shénme, shǐ wǒ gèngjiā rè'ài xīnwén gōngzuò. Tóngshí, wǒ yě hěn xǐhuan guì shè de gōngzuò huánjìng, suǒyǐ xiǎng bìyè hòu dào zhèli gōngzuò.
当一名记者一直是我的职业理想,这也是我大学选择中文专业的原因。大学二年级的暑假,我在贵社实习过,当时贵社王记者是我的老师。他让我明白了记者的责任是什么,使我更加热爱新闻工作。同时,我也很喜欢贵社的工作环境,所以想毕业后到这里工作。

Recording Script and Answer Key
录音文本及参考答案

面试官： 你为什么觉得你能成为一名合格的记者呢？

马小军： 我的个人特点可以简单地用三个词来总结：认真、努力和坚持。我认为这三个特点对记者来说非常重要。只有认真，我才能给读者准确的信息；只有努力，我才能找到读者想看的新闻；只有坚持，我才能每一天都认真、努力地工作。因此，我有自信能做好这份工作。

面试官： 现在新闻行业竞争很激烈，记者白天要出去采访，晚上还要在办公室写新闻，常常要加班和出差，收入却不是特别高，你干得了吗？

马小军： 没问题，我干得了。当记者虽然成不了高富帅，但我觉得这份工作特别有价值。

面试官： 好的，面试就到这里。下周一我们会通知你面试

jiéguǒ.
结果。

Mǎ Xiǎojūn: Xièxie gè wèi lǎoshī, zàijiàn!
马 小军： 谢谢 各 位 老师，再见！

听后练习 Exercises

一、请听第一遍课文，选择正确答案。

1. D　2. B　3. D

二、请听第二遍课文，回答问题。

1. 他是山东大学文学院四年级的学生，大学二年级暑假在报社实习过。

2. 应该认真、努力、坚持。

3. 记者常常要加班和出差，收入却不是特别高，面试官担心马小军干不了。他问马小军是否干得了记者。马小军回答说当记者虽然成不了高富帅，但这份工作特别有价值。

三、请听第三遍课文，根据你对课文的理解，将下面的语段补充完整，并朗读。

1. 报社　2. 面试　3. 个人　4. 面试官　5. 实习　6. 坚持　7. 价值　8. 热爱

挑战一下吧　Challenge yourself　16-5

一、选择正确答案。

1. 男：这个星期天的同学聚会，你能来吗？
   女：不好意思，我星期天要准备应聘材料，去不了。
   问：女的为什么不能参加聚会？　　　　　（B）

2. 女：您好，车上有我的行李，挺大的，您能帮我一下吗？
   男：是这个吗？东西不少啊，你在旁边等着，我来吧。
   问：男的要帮女的做什么？　　　　　　（C）

3. 男：我要出差几天，你能帮我照顾一下我的猫吗？
   女：实在不好意思，我家以前也有一只猫，可是一年前生病死了。我妈妈现在看到猫还是会很伤心。
   问：女的为什么不能帮男的照顾猫？　　　　　　（C）

4. 女：比赛马上就要开始了，你觉得谁会拿第一名？
   男：真不好说，这次竞争很激烈，有好几个人上一次比赛的成绩都不错。
   问：男的是什么意思？　　　　　　（C）

5. 男：你的理想职业是什么？
   女：我觉得和学生在一起一定特别快乐，上课的时候可以告诉他们很多有用的知识，下课的时候可以和他们一起做游戏。
   问：女的以后可能想做什么工作？　　　　　　（A）

6. 男：小王，可以帮我个忙吗？帮我把这几本书送到学校门口。
   女：当然可以。
   男：太谢谢你了！
   女：别客气，我正准备到学校门口坐车去参加面试。
   问：女的一会儿要去做什么？　　　　　　（A）

7. 女：你找工作有什么条件吗？
   男：我觉得一定要考虑收入。
   女：除了收入，还考虑别的吗？
   男：最好在大城市，不过还是要看有没有好的发展。
   问：男的可能觉得找工作什么不重要？　　　　　　（D）

8. 男：听说你最近特别忙。
   女：是啊，我现在一个星期工作六天，虽然每天下午五点下班，可是下班以后还要加班。
   男：那星期天还能休息一下吧？
   女：星期天我常常出差。
   问：女的什么时候能休息？　　　　　　（D）

227

第9到10题是根据下面一段话：

对记者来说，得到及时、准确的消息非常重要。另外，还要能够坚持。因为有些人开始的时候并不想回答记者的问题，只有遇到好的问题他们才可能有兴趣回答，这就需要记者有提出好问题的能力并能够坚持。

9. 根据这段话，记者要学会什么？　　　　　　　　　（B）

10. 根据这段话，记者应该怎么完成工作？　　　　　　（D）

生词表
Vocabulary

B

巴黎	Bālí	Paris	2
把手	bǎshou	handle	3
帮手	bāngshou	helper	13
包子	bāozi	steamed stuffed bun	4
保证	bǎozhèng	to guarantee, to ensure	7
报社	bàoshè	newspaper office	16
抱	bào	to harbor, to have (sth.) in mind	16
抱歉	bàoqiàn	sorry	1
笨	bèn	stupid, dull	8
鞭炮	biānpào	firecracker	2
表	biǎo	form (official document)	7
表达	biǎodá	to express	8
表示	biǎoshì	to show, to express	4
表扬	biǎoyáng	to praise	8
冰	bīng	ice	3
并且	bìngqiě	and, also	5
病毒	bìngdú	virus	6
玻璃	bōli	glass	3
博士	bóshì	doctor (academic title), doctorate	7
补充	bǔchōng	to supplement	6
不如	bùrú	it would be better, may as well	14
不足	bùzú	shortcoming, deficiency	12
部分	bùfen	part, section	8

C

擦	cā	to wipe	9
舱	cāng	cabin	1
草	cǎo	grass	12
测	cè	to measure, to test	6
叉子	chāzi	fork	4
长城	Chángchéng	the Great Wall	1
长款	chángkuǎn	(of clothing) long	5
长寿	chángshòu	living a long life	4
场合	chǎnghé	occasion	5
超过	chāoguò	to exceed	3
车门	chēmén	car door	3
称呼	chēnghu	to call, to address sb. (as sth.)	9
成熟	chéngshú	mature	5
诚实	chéngshí	honest	10
乘客	chéngkè	passenger	1
吃惊	chī//jīng	to be surprised	2
出差	chū//chāi	to be on a business trip	3
出生	chūshēng	to be born	2

传播	chuánbō	to spread	6
传染	chuánrǎn	to infect	6
传真	chuánzhēn	fax	7
词	cí	word	8
词汇	cíhuì	vocabulary	8
从来	cónglái	always (usually used in the negative)	2
催	cuī	to urge (sb. to do sth.)	15

D

打针	dǎ//zhēn	to take an injection	6
大饱耳福	dàbǎo-ěrfú	to have a feast for the ears	11
大爷	dàye	uncle, a term of respect for an elder man (usually older than one's father)	9
大夫	dàifu	doctor	6
代	dài	generation	15
单身	dānshēn	to be single (neither married nor in a relationship)	10
单元	dānyuán	unit	9
当时	dāngshí	then	2
当	dàng	to treat as	6
刀	dāo	knife	4
倒霉	dǎo//méi	unlucky, unfortunate	1
倒	dào	to pour, to dump	2
登机	dēng jī	to board a flight	1
登机牌	dēngjīpái	boarding pass	1
等	děng	etc.	7
等候	děnghòu	to wait	11
低	dī	low	3
抵抗力	dǐkànglì	resistance, immunity	6
地点	dìdiǎn	place, location	12
点点滴滴	diǎndiǎn-dīdī	bits and pieces, every little thing	15
典礼	diǎnlǐ	ceremony	5
电子书	diànzǐshū	e-book	11
读者	dúzhě	reader	16

E

耳朵	ěrduo	ear	5
耳福	ěrfú	feast for the ears	11
二手房	èrshǒufáng	second-hand house/apartment	12
二维码	èrwéimǎ	QR code	14

F

发愁	fā//chóu	to worry, to be anxious	8
发炎	fāyán	to have inflammation	6
法律	fǎlù	law	7
法文	Fǎwén	French (language)	11
翻来覆去	fānlái-fùqù	over and over again	15
烦恼	fánnǎo	worried, troubled	8
方向	fāngxiàng	direction	8
房东	fángdōng	landlord/lady	12
房屋中介	fángwū zhōngjiè	letting agency	12
放鞭炮	fàng biānpào	set off fireworks	2
费用	fèiyong	fee, charge	14
粉色	fěnsè	pink	5

生词表
Vocabulary

粉丝	fěnsī	fan (of a singer, pop star, ect.)	11
风格	fēnggé	style	14
服装	fúzhuāng	clothes	5
服装店	fúzhuāngdiàn	clothes shop	5
辅导班	fǔdǎobān	tutorial class	15
父亲	fùqin	father	10
负	fù	to let (sb.) down	8
复印	fùyìn	to photocopy	7
副	fù	a measure word for facial expressions, voices, etc.	11
富	fù	rich	16

G

咖喱	gāli	curry	4
改编	gǎibiān	to adapt (sth.)	11
改签	gǎi qiān	to change the ticket, to reschedule (a flight, etc.)	1
干杯	gān//bēi	to drink a toast	4
干涉	gānshè	to interfere	10
赶快	gǎnkuài	quickly	14
感情	gǎnqíng	feeling, affection	9
感受	gǎnshòu	to feel, to sense	9
高速公路	gāosù gōnglù	expressway	11
胳膊	gēbo	arm	5
歌曲	gēqǔ	song	11
歌手	gēshǒu	singer	11
个人	gèrén	individual (person)	16
更加	gèngjiā	more, even more	16
工具	gōngjù	tool	2
工资	gōngzī	salary	15
公共	gōnggòng	public	2
公路	gōnglù	highway	2
公寓	gōngyù	apartment	12
功夫	gōngfu	effort	8
功能	gōngnéng	function	13
共享	gòngxiǎng	to share	14
共享单车	gòngxiǎng dānchē	shared bicycles	2
共享经济	gòngxiǎng jīngjì	sharing economy	14
共享衣柜	gòngxiǎng yīguì	shared wardrobe	14
估计	gūjì	to estimate, to reckon	1
乖乖女	guāiguāinǚ	obedient girl	15
广播	guǎngbō	to broadcast	1
规定	guīdìng	to stipulate, to provide; rule, regulation	1
规律	guīlǜ	regular	6
国籍	guójí	nationality, citizenship	15
国际	guójì	international	8
过	guò	too, excessiuely	3
过奖	guòjiǎng	to overpraise	11
过来	guòlai	(used after a verb to indicate the direction) to come over	14
过去	guòqù	the past	2

H

海带	hǎidài	kelp	4
汉堡	hànbǎo	hamburger	4
行业	hángyè	trade, industry	16
航空	hángkōng	aviation	1
好奇	hàoqí	curious	14

合格	hégé	qualified, up to standard	7
合理	hélǐ	reasonable	13
盒子	hézi	box	14
黑暗料理	hēi'àn liàolǐ	crappy food	15
厚	hòu	thick	2
候机厅	hòujītīng	departure hall	1
户型	hùxíng	house/apartment structure	12
护士	hùshi	nurse	9
滑	huá	slippery	3
化	huà	to melt	3
回忆	huíyì	to recall, to recollect	2
会议	huìyì	meeting	14
婚礼	hūnlǐ	wedding	5
婚姻	hūnyīn	marriage	10
活泼	huópō	lively	12
火	huǒ	popular	14
获得	huòdé	to obtain	7

J

机器人	jīqìrén	robot	13
鸡肉	jīròu	chicken	4
基本	jīběn	basically, generally	15
基础	jīchǔ	basis, foundation	7
激动	jīdòng	excited	9
激烈	jīliè	fierce, intense	16
急诊室	jízhěnshì	emergency room	6
技术	jìshù	skill, technique	4
加班	jiā//bān	to work overtime	16
加油站	jiāyóuzhàn	gas station	14
家务	jiāwù	housework	13
假	jiǎ	fake	8
价值	jiàzhí	value	16
嫁	jià	(of a woman) to marry (sb.)	10
减轻	jiǎnqīng	to relieve, to alleviate	16
减少	jiǎnshǎo	to decrease, to reduce	2
见识	jiànshi	to see and know, to broaden one's horizons	11
建	jiàn	to build	2
将	jiāng	will	1
奖金	jiǎngjīn	bonus	14
降	jiàng	drop	3
降落	jiàngluò	(of an aircraft) to land	1
交通	jiāotōng	transportation	2
浇	jiāo	to pour (liquid on)	3
骄傲	jiāo'ào	proud	16
教授	jiàoshòu	professor	7
教务	jiàowù	educational administration	7
教育	jiàoyù	education	7
接	jiē	to receive	9
接触	jiēchù	to touch, to contact	6
接线员	jiēxiànyuán	telephone operator	3
节能	jiénéng	to save energy, to be energy-efficient	14
结	jié	to form, to coagulate	3
结冰	jié bīng	to freeze	3
结账	jié//zhàng	to pay a bill	13
尽快	jǐnkuài	as soon as possible	3

生词表 Vocabulary

进一步	jìnyíbù	further	9
禁止	jìnzhǐ	to forbid, to ban	2
经过	jīngguò	to pass by	9
经济	jīngjì	economical	1
经济	jīngjì	economy	14
经济舱	jīngjìcāng	economy class	1
警察	jǐngchá	police	13
竞争	jìngzhēng	to compete	15
镜子	jìngzi	mirror	5
究竟	jiūjìng	(what) on earth, exactly	14
就业	jiù//yè	to get a job	16
举一反三	jǔyī-fǎnsān	to draw inferences about other cases from one instance	8
拒绝	jùjué	to refuse, to turn down	15
具体	jùtǐ	detailed, specific	7
据说	jùshuō	it is said that…	14

K

开车	kāi//chē	to drive a car	3
科幻	kēhuàn	science fiction	11
可惜	kěxī	pitiful, regrettable	1
课程	kèchéng	course	7
课间	kèjiān	break between classes	11
空巢老人	kōngcháo lǎorén	empty nester, an elderly person whose children are not around	9
空间	kōngjiān	space	12
控制	kòngzhì	to control	13
口语	kǒuyǔ	spoken language	8
苦	kǔ	hard, bitter, miserable	10
宽敞	kuānchang	spacious	12
困难	kùnnan	difficulty	8

L

拉肚子	lā dùzi	to suffer from diarrhea	6
来得及	láidejí	to be able to make it, to still have time to do sth.	1
唠叨	láodao	to nag	15
类	lèi	kind, category	6
冷静	lěngjìng	calm	3
礼服	lǐfú	formal dress	5
礼貌	lǐmào	polite	9
理发	lǐ//fà	to get a haircut	5
利用	lìyòng	to make use of	11
俩	liǎ	two	12
量	liáng	to measure	6
零碎	língsuì	fragmentary	11
留学	liú//xué	to study abroad	2
遛弯儿	liù//wānr	to take a walk	8
露	lù	to expose	5
律师	lǜshī	lawyer	16
乱	luàn	randomly, improperly	6
论文	lùnwén	paper, thesis	7
落	luò	to fall, to drop	3
落后	luò//hòu	to fall behind	15

M

麦霸	màibà	karaoke master, mic king/queen	11
瞒	mán	to conceal, to hide the truth from	9
满	mǎn	full	6
毛巾	máojīn	towel	3

233

梦	mèng	dream	13
迷路	mí//lù	to lose one's way	14
面	miàn	noodle(s)	4
面对	miànduì	to face, to confront	16
面积	miànjī	area	12
面试	miànshì	to interview (for a job, ect.)	16
面试官	miànshì-guān	interviewer	16
秒	miǎo	second (unit of time)	13
目的	mùdì	purpose	7

N

拿手	náshǒu	adept, good at, handy	11
内	nèi	within	14
能够	nénggòu	can, to be able to	16
年代	niándài	age, era	16
年龄	niánlíng	age	5
女性	nǚxìng	female	10
暖和	nuǎnhuo	warm	3

O

欧美	Ōu-Měi	Europe and America	15

P

排列	páiliè	to arrange, to put in order	14
判断	pànduàn	to judge, to estimate	13
盘子	pánzi	plate	4
泡菜	pàocài	pickled vegetable	4
平米	píngmǐ	square meter	12
脾气	píqi	temperament	12
破	pò	broken	3
普遍	pǔbiàn	common, widespread	10

Q

其次	qícì	next, secondly	7
其中	qízhōng	in, among	10
歧视	qíshì	to discriminate against	10
旗袍	qípáo	cheongsam	5
启事	qǐshì	notice, announcement	10
起跑线	qǐpǎoxiàn	starting line	15
气候	qìhòu	climate	3
气温	qìwēn	temperature	2
签	qiān	to sign	7
签证	qiānzhèng	visa	7
签字	qiān//zì	to sign one's name	7
墙	qiáng	wall	13
敲	qiāo	to knock	3
桥	qiáo	bridge	1
乔迁之喜	qiáoqiān zhī xǐ	joyous occasion of moving to a new home	12
巧克力	qiǎokèlì	chocolate	4
亲戚	qīnqi	relative, kin	10
清理	qīnglǐ	to clean, to clear up	9
取消	qǔxiāo	to cancel	1
全部	quánbù	all	1
全球性	quánqiúxìng	global	2
全身	quánshēn	whole body	6
缺点	quēdiǎn	shortcoming	9

R

然而	rán'ér	but, however	12

热爱	rè'ài	to love ardently	16
热量	rèliàng	calorie, energy	4
人工	réngōng	artificial	13
人工智能	réngōng zhìnéng	artificial intelligence	13
人员	rényuán	staff, crew member	3
日常	rìcháng	daily	8
日记	rìjì	diary	2
融化	rónghuà	to melt	3
肉	ròu	meat	4
软件	ruǎnjiàn	software	13

S

嗓子	sǎngzi	throat	6
扫	sǎo	to sweep	13
扫地	sǎo//dì	to sweep the floor	13
伤心	shāng//xīn	sad	16
沙发	shāfā	sofa, couch	9
稍	shāo	a bit, slightly	12
勺子	sháozi	spoon	4
社区	shèqū	community	9
深	shēn	deep	2
生意	shēngyi	business	15
失望	shīwàng	to lose hope; disappointed	7
湿	shī	wet	3
湿润	shīrùn	moist	3
识别	shíbié	to recognize, to identify	13
实话	shíhuà	truth, honest words	13
实习	shíxí	to serve as an intern	16
使	shǐ	to make, to cause	16
世纪	shìjì	century	7
视频	shìpín	video	13
是否	shìfǒu	whether (or not)	7
收集	shōují	to collect	7
收入	shōurù	income	15
手	shǒu	hand	6
首	shǒu	a measure word for songs, poems. etc.	11
首都	shǒudū	capital (of a country)	1
受到	shòudào	to receive, to get	2
书面语	shūmiànyǔ	written language	8
暑期	shǔqī	summer holiday	7
薯条儿	shǔtiáor	French fries	4
数量	shùliàng	number, quantity	2
数字	shùzì	digital form	11
漱口	shù kǒu	to rinse the mouth	6
刷	shuā	to swipe (a card), to scan (one's face)	15
双	shuāng	pair	3
说起	shuōqi	to bring up (a topic), to mention	11
硕士	shuòshì	master's degree, Master	16
死	sǐ	dead	4
俗话	súhuà	common saying	3
算	suàn	to count, to carry weight	10
算	suàn	to count as	9
随着	suízhe	along with, in the wake of	13
碎片	suìpiàn	fragment	11

孙子	sūnzi	grandson	9

T

抬	tái	to lift	16
糖	táng	sugar	4
躺	tǎng	to lie (down)	13
逃跑	táopǎo	to run away, to escape	13
套	tào	a measure word for things that come in sets	5
提交	tíjiāo	to submit, to hand (sth.) in	7
体温	tǐwēn	temperature	6
体验	tǐyàn	to experience	2
填空	tián//kòng	to fill in the blank	10
听课	tīng//kè	to attend a lecture	7
通	tōng	to get through, to connect	15
通常	tōngcháng	often, usually	6
通过	tōngguò	through, via	6
同屋	tóngwū	roommate	12
推	tuī	to push	14
推销	tuīxiāo	to promote (a product, service, etc.)	15
托运	tuōyùn	to check in (luggage)	1

W

袜子	wàzi	sock(s)	3
维生素	wéishēngsù	vitamin	6
维修	wéixiū	to maintain, to repair	3
卫生间	wèishēngjiān	bathroom	12
稳定	wěndìng	stable, steady	10
蜗牛	wōniú	snail	4
卧室	wòshì	bedroom	12
无法	wúfǎ	cannot, to be unable to	13
武汉	Wǔhàn	Wuhan, a Chinese city	1
武汉长江大桥	Wǔhàn Chángjiāng Dàqiáo	Wuhan Yangtze River Bridge	1
误会	wùhuì	to be mistaken	5

X

下载	xiàzài	to download	7
闲人免进	xiánrén miǎn jìn	staff only	8
相似	xiāngsì	similar	8
相同	xiāngtóng	same	8
香	xiāng	(of food, etc.) appetizing, smelling good	4
详细	xiángxì	detailed	3
想法	xiǎngfǎ	thought, opinion	12
相机	xiàngjī	camera	3
小伙子	xiǎohuǒzi	young man	5
小区	xiǎoqū	housing estate/complex	9
小说	xiǎoshuō	novel, fiction	11
写作	xiězuò	to write	7
新娘	xīnniáng	bride	5
行动	xíngdòng	to move/get about	5
醒	xǐng	to wake up, to be awake	15
性别	xìngbié	gender	10
雪地靴	xuědìxuē	snow boot(s)	3

Y

押金	yājīn	deposit, cash pledge	14
亚洲	Yàzhōu	Asia	15

生词表
Vocabulary

研究生	yánjiūshēng	graduate student	16
盐	yán	salt	4
演讲	yǎnjiǎng	to give a speech	10
演讲	yǎnjiǎng	to give a speech	10
演员	yǎnyuán	actor / actress	15
验血	yàn//xiě	to take a blood test	6
要求	yāoqiú	to demand, to require	10
以	yǐ	by, with	9
一般	yìbān	ordinary, not very good	5
一早	yìzǎo	early in the morning	16
义乌	Yìwū	Yiwu, a Chinese city	1
因此	yīncǐ	therefore	14
阴	yīn	overcast, cloudy	2
印度	Yìndù	India	4
应聘	yìngpìn	to apply for a job	16
由	yóu	by, through	13
由于	yóuyú	due to; because	1
友好	yǒuhǎo	friendly	9
有些	yǒuxiē	a bit, somewhat	7
娱乐	yúlè	entertainment, recreation	11
与	yǔ	with	12
预防	yùfáng	to prevent	6
预习	yùxí	to preview	7
原来	yuánlái	it turns out that…, the truth is…	12
原谅	yuánliàng	to forgive	5
圆	yuán	round	13
阅读	yuèdú	to read	6
阅读器	yuèdúqì	reader, reading device	11
允许	yǔnxǔ	to allow	2
运气	yùnqi	luck	12

Z

杂志	zázhì	magazine	6
再说	zàishuō	besides, moreover	5
早教课	zǎojiàokè	early education class	15
责任	zérèn	responsibility	9
占线	zhàn//xiàn	the line is busy	15
涨	zhǎng	to increase, to rise	15
障碍	zhàng'ài	obstacle, barrier	13
招	zhāo	movement, move (in martial larts)	9
招聘	zhāopìn	to recruit	15
招聘会	zhāopìnhuì	job fair	15
照	zhào	according to	6
征婚	zhēng//hūn	to seek a potential spouse (through advertisement, etc.)	10
整理	zhěnglǐ	to tidy, to neaten	5
整齐	zhěngqí	in good order	14
正确	zhèngquè	correct	6
正式	zhèngshì	formal	5
之间	zhījiān	between	15
职业	zhíyè	occupation, profession	10
智能	zhìnéng	intelligence	13
中	zhōng	in, within	8
中式	zhōngshì	Chinese-style	5
重点	zhòngdiǎn	emphasis, focus	2

逐渐	zhújiàn	gradually	8
逐渐	zhújiàn	gradually	8
主持	zhǔchí	to preside over, to host	5
主持人	zhǔchírén	host, presenter	5
祝贺	zhùhè	to congratulate	12
著名	zhùmíng	famous	4
抓	zhuā	to catch, to seize	13
装	zhuāng	to pack, to load	14
装	zhuāng	to install	15
准确	zhǔnquè	accurate	8
自动	zìdòng	automatic; automatically	13
总之	zǒngzhī	in a word	15
租	zū	to rent	5
组织	zǔzhī	to organize	9
尊重	zūnzhòng	to respect	15
作家	zuòjiā	writer	11
作用	zuòyòng	function	2
作者	zuòzhě	author	11
做法	zuòfǎ	way of doing sth., practice	9
做客	zuò//kè	to be a guest	12
做梦	zuò//mèng	to dream	13